国家科学思想库

科学文化系列

科学与人生

中国科学院院士传记

汪德昭传

刘振坤　柳天明／著

科学出版社

北　京

内 容 简 介

汪德昭是中国水声事业的奠基人。他所从事的“大小离子平衡态研究”，被国际学术界称为“朗之万-汪德昭-布里加理论”；他开拓了我国水声学事业，制定了我国水声学的研究发展战略；他为国家培养了一大批水声学研究人才；他领导完成了多种水声先进设备的研制，为我国声呐现代化作出了重要贡献。本书记录了汪德昭院士的学习、生活和工作经历，以及回国后为开创我国水声科研事业所作出的杰出贡献；概述了他几十年来在立志科学事业的同时，热爱祖国、关心祖国建设、致力于科教兴国、热心培养青年一代的感人事迹。

本书适合青年学子、科技工作者以及对科学家的成长感兴趣的读者阅读。

图书在版编目（CIP）数据

汪德昭传 / 刘振坤，柳天明著. —北京：科学出版社，2023.11
（科学与人生：中国科学院院士传记）
ISBN 978-7-03-076275-7

Ⅰ. ①汪…　Ⅱ. ①刘…　②柳…　Ⅲ. ①汪德昭（1905—1998）-传记
Ⅳ. ①K826.11

中国国家版本馆 CIP 数据核字（2023）第 165019 号

丛书策划：侯俊琳
责任编辑：张　莉　陈晶晶 / 责任校对：郑金红
责任印制：师艳茹 / 封面设计：有道文化

科学出版社出版
北京东黄城根北街 16 号
邮政编码：100717
http://www.sciencep.com
北京中科印刷有限公司印刷
科学出版社发行　各地新华书店经销
*
2023 年 11 月第　一　版　开本：720×1000　1/16
2024 年 1 月第二次印刷　印张：13 1/2　插页：6
字数：210 000
定价：98.00 元
（如有印装质量问题，我社负责调换）

汪德昭（1905—1998）

1905 年 12 月 20 日生于江苏省灌云县板浦镇。1929 年毕业于国立北平师范大学物理系，后留校任助教。1933 年到比利时布鲁塞尔大学深造。1934 年 6 月赴法国巴黎大学朗之万实验室攻读研究生，1940 年在巴黎大学高等物理和化学工业学院获法国国家科学博士学位。后历任法国国家科学研究中心副研究员、专任研究员、研究指导主任。1945 年因为在大气电学方面的贡献，被法国科学院授予“虞格”奖金（Prix Hughes）。1955 年 4 月他所创立的“关于大小离子平衡态研究”的新理论，被国际学术界称为“朗之万-汪德昭-布里加理论”。他曾荣获法语区声学家协会颁发的银质勋章、巴黎市政府授予的荣誉奖章、法国政府授予的荣誉军团军官级勋章。1947 年在约里奥-居里夫妇的镭学研究所任技术指导。他开创了中国国防水声学，并创建、组织和直接领导了我国国防水声的科学研究工作，培养出了中国第一支水声科技队伍。他一生发表论文 50 多篇，并与他人合著《水声学》，主编《法汉水声学词汇》《英汉声学词汇》等著作。1985 年获中国科学院“从事科学工作五十年”荣誉奖励。1988 年获国防科工委授予的“献身国防科技事业”荣誉证书。1989 年被国务院侨务办公室和中华全国归国华侨联合会评为“全国优秀归侨、侨眷知识分子”。1997 年 10 月荣获 1997 年度何梁何利基金科学与技术进步奖。

汪德昭（摄于 1925 年）

1933 年 4 月 22 日，汪德昭与李惠年的结婚照

1948 年，汪氏兄弟与父母合影
（前排右起：母亲李静珍、父亲汪雁秋，
后排右起：大哥汪德耀、汪德昭、四弟汪德宣、三弟汪德熙）

汪德昭在法国巴黎悬挂起的第一面五星红旗前演讲

1947 年，汪德昭（右一）、李惠年（左二）、卫立煌（左一）、韩权华（右二）在法国巴黎合影

1961 年，汪德昭（左二）、李惠年（左一）和郭永怀（右一）、李佩（右三）一家合影

1957 年，汪德昭（右）与著名数学家熊庆来教授（左）谈话

1935 年，汪德昭在做大离子实验

1957 年，汪德昭在书房工作

1935 年，朗之万教授视察汪德昭的大离子实验工作

1941 年夏，在约里奥-居里教授夫妇家度周末（二排右一为让·弗雷德里克·约里奥-居里教授，右二为伊蕾娜·约里奥-居里教授，二人皆为诺贝尔奖获得者；左二为时任法国原子能总署秘书长毕加教授；二排左一为汪德昭）

1946 年，著名艺术家潘玉良在法国为汪德昭雕像

1978 年，在榆林召开首次南海深海水声实验动员大会

1978 年，汪德昭在考察船上

1984 年，美国著名水声学家 W. 蒙克（W. Munk，左一）参观中国科学院声学研究所

1994 年，汪德昭在天安门举行的六一儿童节庆祝大会上讲话

1994 年 7 月 1 日，汪德昭（站立者）在中国科学院声学研究所建所 30 周年纪念大会上讲话

1979 年，汪德昭所长宣读国务院嘉奖令
——“中国科学院声学研究所在社会主义建设中成绩优异，特予嘉奖，此令。”

1991 年 8 月 30 日，法国政府科学研究与
航天部部长于贝尔・居里安（Hubert Curien）
代表法国总统为汪德昭授勋

1983 年，汪德昭在巴黎授予动物声学家
布斯内尔（Busnell）中国科学院
声学研究所荣誉教授称号

1941 年，汪德昭、李惠年、汪华在法国巴黎留影

1992 年夏，汪延回国休假期间与家人合影
（右一：汪德昭，右二：陈鸣明，右三：李惠年，左一：汪延）

1993 年 4 月 22 日，汪德昭夫妇二人
“钻石婚”合影

1996 年 3 月，汪德昭、李惠年
在北京密云白龙潭郊游

总　序

中国科学院学部科普和出版工作委员会决定组织出版“科学与人生：中国科学院院士传记”丛书，这是一件很有意义的文化工程。首批入传的22位院士都是由各学部常委会认真遴选推荐的。他们中有学科领域的奠基者和开拓者，有做出过重大科学成就的著名科学家，也有毕生在专门学科领域默默耕耘的一流学者。每一部传记，既是中国科学家探索科学真理、勇攀科学高峰的真实情景再现，又是他们追求科学强国、科教兴国的一部生动的爱国主义教材。丛书注重思想性、科学性与可读性相统一，以翔实、准确的史料为依据，多侧面、多角度、客观真实地再现院士的科学人生。相信广大读者一定能够从这套丛书中汲取宝贵的精神营养，获得有益的感悟、借鉴和启迪。

中国科学院学部成立于1955年，经过50多年的发展，共选举院士千余人，荟萃了几代科学精英。他们中有中国近代科学的奠基人，新中国的主要学科领域的开拓者，也有今天我国科技领域的领军人物，他们在中国的各个历史时期为科学技术的发展做出了历史性的贡献。“五四”新文化运动以来，一批中国知识精英走上了科学救国的道路，他们在政治动荡、战乱连绵的艰难岁月里，在中国播下了科学的火种，推动中国科技开始了建制化发展的历程。新中国成立后，大批优秀科学家毅然选择留在大陆，一批海外学子纷纷回到祖国，在中国共产党的领导下，开创了中国科学技术发展的新篇章。广大院士团结我国科技工作者，发扬爱国奉献、顽强拼搏、团结合作、开拓创新的精神，勇攀世界科技高峰，创造了举世瞩目的科技成就，为增强我国综合国力、提升自主创新能力做出了重要贡献，为国家赢得了荣誉。他们的奋斗历程，是中国科学技术发展的历史缩影；他们的科学人生，是中华民族追求现代化的集中写照。

当今世界，科学技术已成为支撑、引领经济社会发展的主要动力和人类文明进步的主要基石。广大院士不仅是科学技术发展的开拓者，同时也是先进文化的传播者，在承担科技研究工作重任的同时，还承担着向全社会传播科学知识、科学方法、科学思想、科学精神的社会责任。希望这套丛书的出版能够使我国公众走近科学、了解科学、支持科学，为全民族科学素养的提高和良好社会风尚的形成做出应有的贡献。

科学技术本质是创新，科技事业需要后继有人。广大院士作为优秀的科技工作者，建设并领导了一个个优秀的科技创新团队；作为教育工作者，诲人不倦，桃李满天下。他们甘当人梯、提携后学的精神已成为我国科技界的光荣传统。希望这套丛书能够为广大青年提供有益的人生教材，帮助他们吸取院士们追求真理、严谨治学的科学精神与方法，领悟爱国奉献、造福人民的科技价值观和人生观，激励更多的有志青年献身科学。

记述院士投身我国科学技术事业的历程和做出的贡献，不仅可为研究我国近现代科学发展史提供生动翔实的新史料，而且对发掘几代献身科学的中国知识分子的精神文化财富具有重要意义。希望“科学与人生：中国科学院院士传记”丛书能够成为广大读者喜爱的高品位文化读物，并以此为我国先进文化的发展做出一份特有的贡献。

是为序。

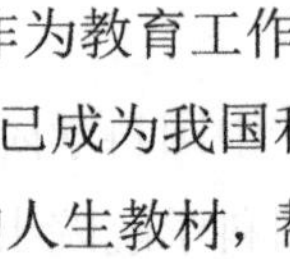

2010年3月

代　　序[1]

汪先生1933年到比利时留学，1940年在法国巴黎大学获得法国国家科学博士学位，并留法进行科学研究。1956年回国后，1957年被增补为中国科学院学部委员（后改称院士），1961年9月加入中国共产党。几十年来，汪先生在科学研究方面做出了许多出色的工作，为我国科技事业的发展作出了重要贡献。

他完成了很有创见性的博士学位论文《大小离子平衡态研究》，荣获法国科学院“虞格”奖金，他所创立的“关于大小离子平衡态研究”的新理论被誉为“朗之万-汪德昭-布里加理论”。他通过实验证实了负光致效应的存在，巴黎大学光学专家J. 卡巴纳（J. Cabannes）院士称赞他的实验“是一个重要的关键性的实验”。汪先生是最早进行人工放射性元素工业应用研究的学者之一。他打破常规，用弱β射线照射照相干版的方法来控制药膜的厚度，取得了很好的成果。他采用多种措施改进实验方法，得出了化学液体吸收超声波的比较准确的数据，被国际超声学者引用。他在法国成功地研制出高灵敏度静电计和微量天平，其中高灵敏度静电计被命名为“居里-汪氏型”。第二次世界大战期间，根据战事的需要，汪先生承担了“主动声呐加大功率”的研究课题，出色地完成了这项工作。

---

① 此代序，系中国科学院原院长周光召在汪德昭院士九十华诞庆典上的讲话。

20世纪50年代后期，汪先生担任中国科学院电子学研究所（以下简称电子学研究所）副所长，主管水声方面的科学研究工作。他立即提出报告，建议组建一支年轻队伍，尽快开展我国的水声研究。毛主席亲自圈阅了报告，周总理同意抽调100名差半年至一年毕业的大学生提前分配到所里参加水声研究工作。这一具有战略意义的举措，对快速发展我国水声研究和水声科技队伍起到了很大的作用。

1959年，汪先生组织并参加了在我国南海开展的中苏联合水声考察工作。他组织我国的4名研究人员，结合我国海域的特点，提出了由近及远、由浅入深、（频率）由高到低的水声考察研究战略，同时拟出了我国水声科学考察与研究的发展规划，组织、带领年轻科技工作者开展了“浅海声场”等一系列水声研究，并指导学生们对国防水声技术和民用水声设备进行了全面的考虑与系统研究。

1968年，他组织并参加了在我国北海进行的水声综合试验。

1975年，汪先生亲笔起草了我国海岸水声预警体系的研究发展规划。1978年，当时汪先生已经73岁高龄，仍亲自率领一批科技专家远赴西沙群岛海域进行我国的首次深海试验。

汪先生还是我国首先倡导研究白鳖豚的科学家，并带领研究小组开展了不少研究工作。

在60多年的科学生涯中，汪先生发表了主要学术论文50余篇，并与学生合作撰写了我国第一部水声学专著《水声学》，总结了20多年来我国水声学研究的主要成果。

汪先生是中国科学院声学研究所（以下简称声学研究所）的主要创始人之一，并担任所长近20年，为研究所的建设、科学规划和科学发展，科技人才的选拔、培养，以及大量科研活动的组织领导，付出了许多辛劳，取得了巨大的成效。“文化大革命”期间，声学研究所被撤销，汪先生怀着发展我国科技事业的强烈责任感，给邓小平同志写了报告，建议恢复声学研究所。声学研究所恢复后，他老当益壮，根据中央发展科学技术的方针，提出《关于声学所工作的二十条意见》（以下简称“二十条”），积极推进“五定”（定方向、定任务、定课题、定人员、定设备）工作，使研究工作很快走上正轨。他从国家科技事业长远发展的战略考虑出发，非常重视科技人才的选拔和培养，他勉励科研人员要“标新立异，一丝不苟，奋力拼搏，亲自动手”。他从科研单位的实际出发，重视和开展思想工作，关心科研人员和广大职工的工作与生活。他根据科技工作面向国民经济、面向国防建设的需要，调整课题，不断提出可行的改革措施。在他和他的同事们的努力下，声学研究所的改革不断深入，工作有声有色，重要科技成果不断涌现。1979 年，声学研究所受到国务院的嘉奖。

汪先生担任过国内外很多重要学术职务。长期以来，他在推进国际国内学术交流与科学合作，以及推动我国物理学发展、国防水声科技发展、科学实验设备建设等方面，做了大量卓有成效的工作。汪先生作为访问教授，或参加科技代表团，或出席国际学术会议，曾数次出访英国、法国、苏联等十余个国家，为促进国际科技交流与合作作出了重要贡献。他为第十四届国际声学会议在北京的举行，付出了很大的努力，作出了重要的贡献。

汪先生是一位德高望重的科学家，也是一位崇高的爱国主义和国际主义者。早在五四运动时期，他在北京师范大学附属中学求学期间，就是该校中国少年学会中年龄最小的会员，他们办小报、求科学、求民主。1933 年，他怀着科学救国的强烈愿望出国深造。1947 年，卫立煌与蒋介石发生矛盾，当卫立煌夫妇途经法国巴黎时，汪先生夫妇通过亲戚关系，在接待卫立煌夫妇的过程中对其进行革命宣传，使卫立煌夫妇产生了弃暗投明的想法，汪先生又多方奔走，设法将这一信息转报给了延安。卫立煌任东北“剿匪”总司令部（以下简称“剿总”）总司令后，汪先生又通过亲戚关系去“司令部”任职，同反动势力进行了坚决斗争，为辽沈战役的胜利以及保护东北的重要工业设施和文物建筑，作出了重要贡献。汪先生在巴黎曾任两届留法同学会理事长，被誉为中国的“地下大使”。他组织制作了法国巴黎的第一面五星红旗，挂在于巴黎举行的支持抗美援朝的募捐大会上，并含泪讲演，号召支援中国人民志愿军。回国后，他积极进取，不辞劳苦，忘我工作。在法国期间，他参加了法国战时科学研究，研究解决了主动声呐加大功率等技术问题，并研制了多种仪器设备，为支持国际反法西斯斗争作出了重要贡献。第二次世界大战期间，当他的导师、法国共产党（以下简称法共）党员、国际反法西斯反战争委员会主席保罗·朗之万（Paul Langevin）教授被德国纳粹逮捕、法国亲德傀儡政权接管了朗之万实验室后，汪先生义愤填膺，毅然离去，就职于约里奥-居里夫妇（Frédéric

Joliot-Curie and Irène Joliot-Curie）的镭学研究所；同时，为了朗之万教授的安全，他不顾个人安危，做了许多工作。汪先生是一位崇高的国际主义者，是一位反法西斯的英勇战士。1995 年 7 月，在中国科学院学部组织的“院士与反法西斯斗争”座谈会上，汪先生回顾了这一段经历，令每位与会同志都深受感动。

鉴于汪先生取得的突出科学成就和为推进国际国内科学文化发展作出的重要贡献，他曾荣获法国声学学会（法语区声学家协会前身）最高荣誉奖章——银质奖章、巴黎市政府荣誉奖章、法国政府颁发的法国荣誉军团军官级勋章，以及中国物理学会荣誉证书及奖章、国防科学技术工业委员会（简称国防科工委）颁发的“献身国防科技事业”荣誉证章等多种重要科学奖励。1986 年以来，瑞典皇家科学院还曾三次请他推荐诺贝尔奖候选人。

汪先生是一位非常优秀的科学家，是我们老一辈科学家的杰出代表之一。他在研究工作和仪器设备研制工作中取得了多项独创性成果；他开创了我国水声学和国防水声学研究事业，并组织领导了一系列的研究工作；他为我国海军声呐的现代化作出了多方面的重要贡献；他创建了我国第一支水声科技队伍，并使其不断发展、人才辈出、群星灿烂，为我国科技事业的不断前进付出了巨大的努力，作出了突出的贡献。

目录 CONTENTS

第一章　壮 志 少 年

一、板浦汪小冬

1905 年，是非常值得纪念的一年。

这一年，在世界科学史上，是划时代的一年。

一位 26 岁的德国青年物理学家阿尔伯特·爱因斯坦（Albert Einstein)，在前人实验的基础上创立了狭义相对论。这个理论（包括 10 年以后提出的广义相对论），建立了物理学中新的时空观，以及可以与光速比拟的高速物体的运动规律；揭示了空间与时间的辩证关系，加深了人们对物质和运动的认识，从而对物理学的发展起了重大作用，具有极其重要的历史意义。

这一年，在我国的历史上，是发生重大事变的一年。

自隋朝我国设科考选拔官吏以来，分科取士的科举制度历经了隋、唐、宋、元、明、清几代王朝，因为这一教育制度禁锢人们的思想和行为，不顺应历史发展的潮流，所以在维新变法思想的推动下，清光绪皇帝在这一年下诏，废除了在我国实行 1300 多年的科举制度，开始实行学校教育。从此，我国的教育制度发生了根本性的变化。一些有影响的高等院校，如复旦大学的前身复旦公学、南京大学的前身两江师范学堂、四川大学华西医学中心的前身华西协和大学，都是在这一年诞生的。

这一年，由孙中山领导的中国革命同盟会成立。在同盟会的领导下，中国人民开始了推翻封建清王朝的斗争。也就在这一年，横贯我国中部五省（江苏、安徽、河南、陕西、甘肃）的东西交通大动脉——陇海铁路，在东端的连云港附近动工修建。

也就是在这一年的12月20日，一个朔风呼啸、雨雪纷飞的日子，在位于我国江苏省东北部连云港市灌云县的板浦镇上，在“汪记杂货店”里，汪心培的第二个儿媳妇生下了第二个男孩子，他就是汪德昭。因为汪德昭出生于农历冬至的前两天，所以，爷爷给他起了个乳名叫“小冬”。

板浦镇位于黄海之滨，向东不过100多里①，就是流沙遍地的黄海滩涂；运盐河的一条支流，从板浦直入黄海。当年这个只有几十户人家的小镇，地处灌云县城的北面不过20里。从板浦向北不到40里，就是陇海铁路的东端起点连云港市。在板浦东北不远处，有一座山名叫云台山。这座山虽然不高，主峰海拔只有600多米，却因“瑶草奇花不谢，青松翠柏长青。仙桃常结果，修竹每留云”，再加上一股“一派白虹起，千寻雪浪飞……潺湲名瀑布，真似挂帘帷”的飞泉，明朝中叶的吴承恩老先生把它作为原型，写进了名扬世界的文学名著《西游记》里，作为“美猴王”孙悟空仙居的故乡，称之为“花果山福地，水帘洞洞天”。越过云台山再往北，就是我国著名的对外口岸——连云港。从淮阴、淮安到连云港，灌云县城和板浦镇是必经之路。老家是江苏淮安的吴承恩老先生，也许是到过连云港，游过云台山，所以才在《西游记》中那样描写的吧！

汪德昭的祖籍，据说是安徽安庆。由于灾荒无法生活，听人说关外的日子好过，汪家便打算从安徽经江苏连云港，再下海闯关东。当他们路过板浦时，见这里虽然不是十分富裕，却还可以维持生活，便停下落籍。开始的生活也很苦，到了汪德昭祖父汪心培这一代，他先在镇上一家油盐杂货店里当小伙计，靠节衣缩食，攒了些许银两，有了点积蓄，便独立门户，自己开了个杂货店当起了老板，日子好过了一些。

汪心培有两个儿子，为了儿孙们不再受苦受穷，在“学而优则仕”思想的影响下，汪心培“望子成龙”，下决心省吃俭用，挤出钱来供两个儿子读书，以便之后能够做官发财，改换门庭。两个儿子也不负父望，学习成绩很好——老大中了举人，老二成了秀才。

① 1里=500米。

汪德昭的父亲在家中排行老二，名叫汪寿序，号雁秋。人很聪明，也很清高。中了秀才之后，恰值维新变法，清廷废了科举，他便改习新学，离开板浦，到省城南京，进了刚创办不久的两江师范学堂。因为受家庭和汉代晁错《论贵粟疏》的影响，汪寿序崇尚“民以食为天”，喜欢农业，便进了博物科（系），是个勤奋好学的高才生。

汪德昭幼年时，随母亲和哥哥住在板浦，他天资聪慧、活泼，深受爷爷的喜爱。从小家里人便教他读《三字经》《百家姓》《千字文》《论语》《孟子》之类的书。因为父亲在外读书，家里没有经济收入，所以他家的生活很清苦。吃的主食经常是由黄米加稗子（一种一年生草本植物，具有可以食用的椭圆形籽实）做成的饭，菜是小鱼煮咸菜。汪德昭的伯父中举以后，见科举废除，即弃学从商，专营盐业，因而家境较好，生活比较富裕，经常可以吃到白米饭和猪肉。虽然汪寿序兄弟两家隔墙而居，但是已经分家，所以并不照顾汪德昭家。

二、中国少年学会小会员

1911 年汪德昭 6 岁那年，他的父亲汪寿序从两江师范学堂毕业。就在这一年的 10 月 10 日，代表封建势力的清朝政府被推翻，中华民国正式成立。12 月 29 日，孙中山在南京被 17 省代表推选为中华民国临时大总统。第二年，改元为中华民国元年。1 月 1 日，孙中山在南京成立了中华民国临时政府，并宣誓就任临时大总统。临时政府下设有农林部，总长（即部长）由著名的近代民主革命家宋教仁担任，他主张由学习新学的优秀青年从事部里的工作。于是，刚毕业不久的汪寿序被聘为农林部的主事（相当于现在的科员或科长）。

1912 年 2 月 13 日，因为革命党人与袁世凯妥协，孙中山被迫辞去临时大总统职务，临时大总统一职被袁世凯窃取，中华民国临时政府由南京迁到了北京。不过，农林总长仍由宋教仁担任，因此，汪寿序也得以随往，他便偕妻子和两个孩子，由江苏到北京赴任。就这样，汪德昭随同父母来到了北京。第二年，汪德昭的弟弟汪德熙在北京出生。

汪德昭一家刚到北京时，住在宣武门外骡马市附近的一家旅馆里，不久后租房住在沟沿（现白塔寺）附近，后来又搬到了西四牌楼南边的羊皮市胡同。1912 年秋天，汪德昭即将年满 7 岁，已经到了上学的年龄，于是父母把他送进了当时北京最好的小学——北京高等师范学校（北京师范大学前身，后文简称北京师范大学为北师大[①]）附属小学。从此，汪德昭的学习生活就与北师大结下了不解之缘。小学是在北京高等师范学校附属小学，中学是在北京高等师范学校附属中学，大学是在国立北京师范大学校物理系。整整 16 年的学习生活，他都没有离开北师大体系。

北京高等师范学校附属中学是当时北京比较知名的中学。这所中学的师资力量强，教师教学认真，学生学习积极性高，学习成绩优良，这里的课外活动也较丰富。同学间成立各种集体组织，集体钻研学问，节假日还组织很多集体活动，如集体郊游、野餐等。每个学生都有各自的兴趣爱好，如音乐、绘画、摄影……五四运动期间，北京高等师范学校附属中学有一个被称为"中国少年学会"的组织，汪德昭和他的大哥汪德耀都是这个组织的成员。这个学会虽然不同于共产党、国民党等政治性组织，但它是健康的、向上的，是集体主义、敦品励行、互助互勉的群众团体，所以会员品学兼优、上进心强。五四运动后，很多中国少年学会的会员到法国参加勤工俭学，回国后在事业、学术上都取得了很大的成就。共产党员赵世炎、中华人民共和国成立前任厦门大学校长的汪德耀、中法大学著名教授夏康农、静生生物调查所著名教授陆惟一等人，都曾是中国少年学会的会员。

1919 年汪德昭在北京高等师范学校附属中学一年级读书的时候，我国近代史上一次伟大的革命运动——五四运动，在他身边发生了。本来作为一个年仅 13 岁的少年，对于政治性事件一般是不会关心的，可汪德昭却不同。他的大哥汪德耀是北京高等师范学校附属中学学生会副主席，学生会主席是中国无产阶级革命的先驱者赵世炎。赵世炎和汪德耀虽然是中学生，却经常从厂甸（北京高等师范学校附属中学所在地）跑到五四运动的发起地北京大学（沙滩红楼）去联系，了解情况，回校后发动同学们响应。所以，五四运动那天，汪德昭虽然没有亲自参加游行等活动，却从他们那里听到了"火烧赵家楼"等真实情况……赵世炎、汪德耀的启发、教育和影响，激发了经历过五四运动的汪德昭热爱祖国、立志改变祖国贫穷落后面貌的强烈愿望。

---

① 因机构调整，北京师范大学在历史上有多种称呼。本书中的北京高等师范学校、国立北京师范大学校、国立北平大学第一师范学院、国立北平师范大学等均为北京师范大学前身。

受马克思主义传播者、革命前辈李大钊的影响，赵世炎在五四运动前后，在北京高等师范学校附属中学组织起了中国少年学会，吸收了 20 多名会员。汪德昭也参加了，他是中国少年学会里年龄最小的会员。学会办了平民学校，由会员当教师。每天下午北京高等师范学校附属中学放学后，平民学校的“小教师”们便招呼学校周围那些上不起学的孩子到学校里来听课。汪德昭的口齿清楚，声音洪亮，既负责教语文，又负责教唱歌。

成为中国少年学会会员的汪德昭，过去只知道自己的家境并不富裕，在板浦镇的时候，家里吃的是黄米加穇子饭和小鱼煮咸菜。到了北京之后，父亲在农林总部当主事，每月有 100 多元的工资收入，本来生活可以好一点了，却因连年的军阀混战，不但不能按时发薪，有时发的薪水还要打折扣，只能发八成或者六成，所以，每月家里都感到经济拮据。全凭母亲勤俭持家，善于料理，一家人的一日三餐才得以基本保障。因此，幼小的汪德昭，总认为自己的家境是比较贫穷的。

当了平民学校的“小教师”之后，汪德昭有机会接触到平民和工人的子弟，他曾到过同龄小朋友的家里“家访”，亲眼看到在劳苦大众的家里，孩子们不仅没有钱上学，而且吃了上顿没有下顿是普遍现象。这让幼小的汪德昭真正明白了：过去总觉得自己家里穷，原来还有比自己更困难的人。

五四运动结束后，虽然当时北洋政府迫于人民群众的压力，撤去了卖国贼曹汝霖、陆宗舆、章宗祥的职务；虽然释放了被捕的学生；虽然 1919 年 6 月 28 日参加巴黎和会的中国代表拒绝在丧权辱国的和约上签字……但是，中国人民仍然生活在反动军阀的黑暗统治之下。

这是为什么？当时，汪德昭常听到哥哥汪德耀和赵世炎等在一起探讨这个问题。在《新青年》倡导的“科学”和“民主”两面旗帜的指引下，他们认识到中国贫穷落后，被动挨打，成为帝国主义的俎上鱼肉，就是因为人民愚昧，科学不发达。要想使祖国富强，就应该兴办科学，使人民有知识。怎样才能使中国的科学发达呢？他们想到，应该有一批有志青年，到国外去学习先进的科学技术，回国后振兴中华。汪德昭在中国科学技术协会举办的纪念五四运动 70 周年座谈会上，满怀深情地说过，在中学时代，有一件事情是记得最深刻的，以至于只要一提起来，就像是昨天刚发生的那样。这就是 1919 年在北京发生的五四运动。他说，当时的种种感受，影响了他的一生。他后来学习物理，到法国学习科学技术，心里一直怀揣着这一坚定信念：为祖国贡献自己的一切。

三、科学“小淘气”

汪德昭自幼天资聪颖，学习勤奋，兴趣广泛，非常喜欢动手，做实际操作，总想弄清事物的原理、结构、变化、发展等，表现出了一定的科学天赋。

进入中学以后，汪德昭的求知欲更加旺盛，已经不满足于课堂上学到的那些知识，脑子里充满了各种各样的疑问。在当时还没有《十万个为什么》《科学画报》之类面向青少年的科普读物的情况下，他喜欢拆开新奇的东西，以搞清楚它们的结构，检验它们的功能。于是他成了一个迷恋科学、喜欢动手的“小淘气”。这难免会犯些“错误”，闹出一些笑话。

一次，汪德昭家买了一支体温计，他听人说温度计可以量出100℃的温度，便倒了一杯开水，想看看温度计能显示出多少度来。由于他不了解体温计（只能测量35—43℃之间的温度）和普通温度计（能测量20—100℃或更高、更低的温度）的区别，所以他把体温计刚放进开水杯，体温计便因承受不了这么高的温度爆炸了。这让幼年的汪德昭第一次认识到，做任何事情之前，都要仔细了解事物的特性，不可以莽撞行事。

有一段时间，汪德昭又对家里的钟表着了迷，见到就想把它拆开，看看里面的构造，想弄清它的原理。过去，他曾经把父亲的一块怀表拆开了，却没能装配上，所以有好长时间，他的妈妈都要把家里的钟表藏起来，生怕他拆了装不上，搞得家里没有用的。虽然如此，汪德昭还是搞清楚了钟表是靠发条松动、带动指针走动的。

汪德昭读初中一年级的时候，听哥哥汪德耀和同学们议论说陶瓷与木头都是绝缘体，不导电。夏日的一天，忽然乌云密布，电闪雷鸣，大雨将至，汪德昭赶紧跳到木制饭桌上，叉开的两手各拿一个瓷茶杯，试图用这种方法验证木头和瓷器到底是不是绝缘的。这种举动虽然幼稚可笑，却展现了他自幼就想探求真相的精神。

因为家境比较困难，汪德昭从小就十分节俭，从不乱花钱。随着年龄的增长，他不但总想少花家里的钱，而且想办法挣钱贴补家用。1922 年中学毕业后，汪德昭本来报考了北京大学，后来去了国立北京师范大学校（北师大前身），虽说有偶然因素，但家里经济困难也是一个重要原因——因为该校不收学费。他在大学三年级时，就开始利用课余时间当家庭教师，给中小学生补习英语。第一个月下来，他挣了 7 块大洋，高兴极了，连蹦带跳地回到了家中，全部交给了母亲。当时，正遇到家里没有钱买粮了，这 7 块大洋可发挥了大作用。在大学时，汪德昭生活很节省，偶尔吃上一份炒饼，再来碗酸辣汤，就算是改善生活了。这在当时的大学，几乎是最便宜的伙食，可是汪德昭却吃得津津有味。

因为汪德昭从小就喜欢动手，所以当他后来在国立北京师范大学校物理系学习时，对实验技术非常重视。加上受到重视实验技术的吴有训教授的熏陶，他对实验技术有了更深刻的理解。

吴有训是我国近代物理学的奠基人之一。20 世纪 20 年代初，他在美国师从著名的物理学家阿瑟·霍利·康普顿（Arthur Holly Compton）研究短波长的电磁辐射（X 射线、γ 射线），与导师共同发现了“康普顿效应”。20 年代中期吴有训回国不久，在国立清华大学任物理系教授，并在国立北京师范大学校兼课。由于吴有训非常重视实验技术，而当时国立北京师范大学校的仪器设备很少，没有高压电压表，无法测量 X 射线机的电压，于是，汪德昭就站在地上，用手渐渐接近 X 射线机，以造成火花放电去测量电压。这种做法当然是很危险的。后来汪德昭常说，正是这一段实践，对他之后的教学和科学研究有很大的帮助。他学会了自己吹玻璃器皿的技术。大学毕业教中学时，他以擅长动手做实验而受到学生们的喜爱。后来出国留学，凭着这一手功夫，他做出了不少创造性的成果。

第二章　浪漫青春

一、师大高才生

五四运动中形成的“科学救国”的思想，在许多有志青年，尤其是学生的心中扎下了根。1920年，也就是五四运动的第二年，赵世炎由华法教育会组织，赴法国勤工俭学；汪德昭的哥哥汪德耀中学毕业后考取了设在法国里昂的中法大学（这是法国政府用中国的“庚子赔款”兴办的一所培养中国学生的大学，其实中法大学只是个名义，汪德耀实际上是在法国里昂大学学习），于是到法国读书去了。

赵世炎出国学习，特别是哥哥汪德耀所走的“科学救国”的道路，给了汪德昭以深刻的影响。汪德昭当时虽然年龄还小，但他决心以哥哥为榜样，好好读书，长大了从事科学研究，扫除愚昧和落后，振兴自己的国家。中学毕业时，他本来报考了北京大学，但是一个偶然的原因——北京大学招生考试的前一天晚上，他因为多吃了几块西瓜而腹泻得很厉害，没有能够参加考试。幸好那时各大学的招生不是统一考试，于是他又报考了招生时间稍晚的国立北京师范大学校，考取了该校物理系。

汪德昭天资聪颖，学习勤奋，从小学到大学，学习成绩都很好。特别是在大学，由于有了学好基础知识、将来从事科学研究、实现科学救国的远大抱负，他学习更加努力。在国立北京师范大学校的良好学习氛围中，他认真钻研，一丝不苟。比如演算大代数习题时，他一层一层地推演下去，不但等号要对等号，每个等号还要用尺子画平行。对待其他功课，他也极其严肃认真，认真做笔记，体现了科学的准确性、逻辑性，很快成长为该校的一名高才生。

在衣食住行方面，汪德昭也是同学们学习的典范。他勤俭、朴素，不讲究吃、喝、玩、乐。在大学里，他唯一的一套猎式中山装，穿了几年，看上去仍像新的一样。因为他对其十分爱惜，不穿的时候，都是用刷子刷干净，折叠整齐，妥善保存。他酷爱音乐，虽然他的家境并不富裕，但他靠节衣缩食，攒了钱，买了小提琴，利用业余时间勤学苦练。每次他在公共集会上登台独奏，都赢得了热烈的掌声。

1926 年，国民革命军为推翻北洋军阀的统治，从广州出发进行北伐，1927 年取得了决定性的胜利。这时已年过半百的汪寿序感到连年征战，人民疾苦，不愿随农林部回迁，于是放弃职务，赋闲在家。

1929 年，经过 6 年的学习，汪德昭大学毕业了。汪德昭毕业的前一年，由于他学习成绩优异，口才又好，被当时的国立北平大学第一师范学院（北师大前身）校长、著名物理学教授张贻惠看中，破格提前聘请他留在物理系担任助教。由于父亲赋闲在家，家里没有经济来源，大哥又远在法国，无法接济家里，维持家庭的生计，以及供养父母和负担两个弟弟的学习费用，仅靠汪德昭当助教的收入是远远不够的。于是，他除了在国立北平师范大学（北师大前身）任职外，还不得不先后在几所中学和私立大学兼课，讲授数学和物理，以便多得些报酬以贴补家用。

汪德昭当时兼课的中学先后有女一中、志成中学、孔德中学等。志成中学位于北京西单牌楼的西边（中华人民共和国成立后，这所中学改建成北京市第三十五中学，是西城区的重点中学），汪德昭在那里教高三年级的物理和高等数学。学生很多，共有 8 个班，汪德昭教其中的 4 个班。由于他认真负责，概念清晰，表达能力很强，循循善诱，课讲得非常生动；又因为他在国立北平师范大学当助教，可以借用该校的器材来为学生做演示和实验，引起了学生们的学习兴趣，所以每逢他讲课，其他班的学生也愿意到他的班上来听课。他教过的学生很多，其中著名的有后来担任全国人大常委会副委员长的王光英、高能物理学家邓昌黎等。20 世纪 80 年代初，曾有一位在美国的他的女学生写回忆文章说："汪某某真厉害，考试时只给我判了 59 分。"这表明，汪德昭后来在科学事业上一贯坚持的严格和严谨的治学精神，在青年时代就已露端倪。凡是后来事业上有所成就的学生，都是怀着感激的心情来追溯这段美好岁月的。1991 年底至 1992 年初，汪德昭和夫人李惠年到法国进行友好访问，在巴黎突然接到年已八旬的美籍华裔马琰打来的电话，说汪德昭曾在北京孔德中学教过她。她在请汪德昭夫妇吃饭时，对汪德昭说："当时你 20 多岁，我们女同学很淘气，净欺负你，不过我们还是挺喜欢你的。"

在女一中，汪德昭主要讲授物理课。高年级的女孩子真是淘气极了。有一次上课，汪德昭给学生们讲太阳系的八大行星（当时冥王星尚未被发现），并在黑板上写上了八大行星的名字。到上第二节课时，黑板上变成了"九大行星"，多了一颗"惠年"星。原来，女学生打听到了她们的音乐老师李惠年是这位年轻男教师的女朋友，便在黑板上写了出来。

二、追到"惠年"星

李惠年出身名门，她的老家在天津。天津位于海河平原的东北部、海河五大支流的交汇处，东临渤海，京沈、津浦两条铁路在此交会，水陆交通发达，是北京东南方向的海防屏障。1860 年，帝国主义列强逼迫清政府将天津辟为商埠，使这里成了帝国主义和以后官僚资本主义掠夺、压榨我国华北人民的据点。过去，天津的经济以消费性的商业为主。1907 年，李惠年就出生在天津。

李惠年是晚清天津城里著名的"八大家"之一——"茶叶李"的后代。李惠年的父亲曾到日本学习印刷技术，回国后在财政部印刷局干了一辈子。他为人清高，性格耿直，思想比较开明，因见李氏大家庭（到李惠年这一代时，已经是五世同堂）腐败守旧，便在1914年把自己的妻子儿女从天津接到了北京。

李惠年的母亲姓韩。韩家也是天津的“八大家”之一，祖上曾开设过“天成号”商行，主要经营近海运输业务。李惠年的母亲排行老大，下面还有两个弟弟和六个妹妹。李惠年的几位姨父不同凡响，都是当时颇为著名的人物：四姨父傅彤，北京大学著名哲学教授；五姨父梅贻琦，著名教育家、清华大学校长；六姨父邝寿堃，曾任北京矿业学院院长；七姨父卫立煌，国民党高级将领，曾任东北“剿总”司令，后来又幡然回归。

与汪德昭一样，李惠年青年时代的学习生涯，也未离开过北师大这个体系。她7岁开始上北京高等师范学校附属小学，1920年进入北京高等师范学校附属中学学习。在“男女授受不亲”的思想影响下，在相当长的一段时间里，我国的中学都是男女分校的，即使是在推翻了清王朝后还是这样。到了20年代初期，我国近代的教育改革家林砺儒担任北京高等师范学校附属中学校长，认为男女学生应该同校求学，便在1921年打破传统，开风气之先，首次在中学同时招收男女学生。不过女生仍然要单独编班上课，不能与男生同室听课。由于觉得北京高等师范学校附属中学的教学质量要高一些，于是，在初中一年级时李惠年转学到了北京高等师范学校附属中学。

李惠年天资敏慧，禀赋良佳，学习刻苦努力，在北京高等师范学校附属中学四年的学习成绩一直居全班之首，毕业时又因成绩第一、品学兼优，被保送进入国立北京师范大学校学习。在大学期间，她不但学习成绩优异，而且能歌善舞，酷爱音乐。她的音乐才能在中学时代已经显露出来——她弹得一手好钢琴，而且歌喉婉转，擅唱花腔女高音，是北京早年著名的花腔女高音歌唱家之一。所以中学毕业时，她就想进入高等音乐学府深造，以音乐为终生的追求。遗憾的是当年国立北京师范大学校只有音乐教授（柯政和教授），却没有设立音乐系（直到20世纪30年代李惠年毕业后才设立），李惠年的愿望无法实现，只好进入生物系学习。但她却下定决心：以生物为主科，以音乐为副科，绝不放弃对音乐的追求。

李惠年（摄于 1925 年）

李惠年也是北京高等师范学校附属中学中国少年学会会员。进入大学不久，体育系的学生为了丰富和活跃同学们的课外生活，组织了一个西乐社，同学们可以根据自己的爱好自由参加。李惠年毫不犹豫地报名参加了，而且每次练习或演出时都是积极分子。在这里，她遇见了汪德昭。

汪德昭（摄于 1925 年）

汪德昭也是一位颇有音乐功底的音乐爱好者，他身材魁伟，仪表堂堂，嗓音洪亮，是难得的男高音，而且小提琴拉得很好。还是在中学时代，汪德昭见到有的同学会拉小提琴，很是羡慕。由于自己的家境不算好，买不起小提琴，于是他便借了同学的小提琴练习。人往往是这样，借用别人的学习工具学习时，在时间上更加抓紧，也更加珍惜。汪德昭也不例外。他练得非常刻苦，都是按照基本规则练习的，所以他的弓法、指法既标准又很娴熟，即使是比较难的曲子也难不倒他。

汪德昭同李惠年并不陌生。他们先后到北京高等师范学校附属中学读书，只是汪德昭比李惠年大两岁，高两级，不是同届，平时没有说过话而已。但其实，他们彼此都知道对方。因为李惠年的哥哥李建藩也在北京高等师范学校附属中学，和汪德昭很熟，通过他，汪德昭早就知道他有一个性格温柔、容貌姣丽的妹妹李惠年；李惠年也从哥哥平常的言谈中，知道他有一位爱好音乐、性格开朗的同学汪德昭。

在西乐社里，汪德昭与李惠年开始合作了。论唱歌，他们俩一个是男高音，一个是女高音；论演奏，他们一个弹钢琴，一个拉小提琴，彼此技艺娴熟、配合默契，真是珠联璧合，相得益彰。由于练习和演出的需要，他们经常在一起切磋、排练，一来二往，二人的接触增多了，了解加深了。尤其是他俩都是古道热肠、真诚待人的热心人。20 世纪二三十年代，青年人不再受封建礼教的束缚，冲破“父母之命，媒妁之言”包办婚姻的枷锁，成为一种先进、革命的时尚。男女青年自由恋爱，结婚时不再举行叩拜天地的婚礼，而是举行新式婚礼（当时叫“文明结婚”）。在这种形式的婚礼上，有钱人一般都要请乐队高奏理查德·瓦格纳（Richard Wagner）和费利克斯·门德尔松（Felix Mendelssohn）分别创作的《婚礼进行曲》。可是，大学有许多同学是穷学生，请不起乐队，于是，汪德昭和李惠年就经常牺牲自己的节假日休息时间，为举行婚礼的人义务演奏《婚礼进行曲》。他们曾多次为同学或朋友这样做。中国科学院院士、我国著名植物学家林镕和夫人的婚礼，当时就是在他们的伴奏下进行的。

就是在这样可以陶冶人的性情、净化人的灵魂的音乐的熏陶下，汪德昭和李惠年这两个相貌相当、志趣相投的青年人对彼此萌生了爱恋之情。他们同学六七年，相知越来越深，感情越来越笃。但受旧礼教的束缚，谁也没有勇气向对方表达爱意。汪德昭常常为此而苦恼，情急之下病倒了。

学校风雨操场后面有一排平房，隔成一个个单间，是同学们平时练琴的地方。汪德昭曾卧病在那里的一个单间里。李惠年得知后，赶忙去看望汪德昭。李惠年向他表达了真情，汪德昭祛除了心病，身体很快康复。经过 8 年的了解和爱慕之后，汪德昭和李惠年终于在 1933 年 4 月 22 日举行了结婚典礼，结成了夫妻，组建了自己的小家庭。

1933 年 4 月 22 日，汪德昭与李惠年的结婚照

三、鸾凤和鸣

以李惠年优越的家庭环境、她的才华和外表，在大学时期，当然有不少人追求她，也不乏门当户对者，那她为什么选择了职员家庭出身的穷学生汪德昭呢？这不能不归因于他们的理想比较接近，他俩常说："中国人总有一天会昂首阔步走路的。"李惠年的亲密好友和老师石评梅，给她带来了十分深刻的影响，使她的思想境界得到了质的飞跃。因此，她义无反顾地选择了汪德昭，他们相亲相爱、相伴相随，鸾凤和鸣一生。

李惠年是一位窈窕淑女，面貌娟秀，身材苗条，温柔里颇见刚强，文静中又显坚定。从照片上看，青年时代的她，其相貌绝不亚于当时的电影明星。她醉心于音乐，还是北京师范大学校三年级学生时，为了纪念世界“乐圣”——德国作曲家贝多芬（Beethoven）逝世100周年，她写了一篇长文，题为“贝多芬的生平”。这篇文章被北京师范大学校校刊编辑看中了，校刊（每周一期，4个版面）出了一期专刊“纪念贝多芬逝世100周年”，把她的文章登出来了，这篇文章竟占了整整4个版面！这很可能是我国系统介绍贝多芬最早的文章之一。李惠年年轻时经常登台演唱中外名曲，颇有名气。她还加入了爱美乐社（由一群爱好音乐的年轻人组织），参加各种音乐类活动。

李惠年性格的养成，除了与家庭和周围环境有关外，还与她在北京高等师范学校附属中学求学时代的级任主任（班主任）兼语文、体育教师石评梅的教导分不开。石评梅是辛亥革命、五四运动后我国为数不多的女大学生之一，毕业于国立北京女子高等师范学校，学的是教育学，毕业后一直在北京高等师范学校附属中学教书。石评梅的恋人高君宇是1919年五四运动时北京大学学生会的负责人之一，1921年加入中国共产党，1925年初出席了在北京召开的国民会议促成会全国代表大会，同年3月在北京因病早逝，享年29岁。在五四运动和高君宇的影响下，石评梅在女生教育中实践着自己的教育主张。她用循循善诱的教育方法和亲善和蔼的教育家的真诚，赋予学生以感染力，促使这些女生去达到理想的男女平等的目标。她常指导女生要学男子的那种爽直、决断、勇敢和强健等优点与长处，同时又要保持女性的细心、精明，要表现出一种温柔而典雅的情感。她常要求女生做到这样几点：第一，做到平民化，克服“小姐气”，能苦能劳、能文能武；第二，做到朴实，克服虚荣；第三，做到认真实行体育，改掉娇懒习气。石评梅尽力使自己的这些女学生，在新的时代潮流中成长为有用的人才。

正是石评梅的这些要求和主张，给了李惠年以深刻的影响，她们师生间建立了深厚的友谊，二人情同手足，亲如家人。从1924年到1928年10月中旬石评梅病逝前，她们不但经常见面，还不断有书信往来。到1982年人们为纪念石评梅准备出专辑时，李惠年从自己的书柜中整理出珍藏了近60年的石评梅写给她的50封信中的13封公开发表。这些信历经多次战乱而未被毁，说明李惠年是何等珍视同老师的情谊啊！石评梅和高君宇的墓都在北京陶然亭公园西南角的树丛掩映之中，李惠年回国后，曾同汪德昭多次前往凭吊。

1931 年，李惠年从国立北平师范大学毕业后在体育系任音乐助教，同时在国立北平师范大学附属中学、女一中、志成中学教音乐。1933 年 4 月与汪德昭结婚后，夫妇二人商定，同到法国留学深造。汪德昭先行，她则暂留北平，为汪德昭做好后勤支援。

为什么她会比汪德昭晚两年半出国？主要原因是他们当时钱不够。尽管李家和韩家的亲戚很多，而且其中还有一些有钱的人，但李惠年同她的父亲一样清高，打定主意要自己挣钱，不愿向亲戚开口，更不愿伸手要钱。为了能多积攒些钱作为出国的路费，她在几所中学兼课，课程表安排得满满的，一周上 27 节课。她把挣到的钱一部分汇到法国，供汪德昭的生活之用（汪德昭到法国那一年，中法基金会还未招生，两年后才开始，因此没有奖学金），剩余的则积攒起来留作自己出国之用。

1936 年，李惠年以优异的学习成绩考取了中法基金会的半官费（路费自理），到法国去进修音乐。她用自己积攒的 300 块大洋作为路费，乘船来到法国，夫妻二人团聚了。这时汪德昭已经是法国国家科学研究中心的研究人员，有了比较高的收入，除了维持两人的日常生活开支，还有剩余，慢慢有了一定积蓄。所以，汪德昭又转过来支持李惠年在法国深造，专门研究欧洲古典声乐、现代声乐和声乐教学法。

李惠年把家庭生活安排得非常妥当，既保证了汪德昭专心搞科研工作，不让他为家务过多分心，同时她又有时间钻研自己的业务，以备回国后为培养我国声乐人才作出贡献。1956 年李惠年从法国归来，在中央乐团（现中国交响乐团）工作，后任中国音乐学院教授，培养了不少学生。

汪德昭对李惠年对自己的爱护与照顾铭记在心，曾经不止一次深情地对人说过："如果我在科学上有点什么成就的话，有一大半的功劳都是她（指李惠年）的！"他们夫妻二人真像我国古人所说的：相敬如宾，鸾凤和鸣，相依相伴一生。

多年来，汪德昭何以有如此充沛的精力、如此健康的体魄去应对四面八方，并能在任何大小场合做到胸有成竹、从容不迫？这要归功于他的"内阁总理"李惠年。即使是在"文化大革命"前李惠年仍然每天要到中央乐团及中国音乐学院任教的年代，汪德昭的一日三餐，李惠年仍精心准备，餐食不但营养丰富，而且色香味齐全。其他生活方面的照料也都无微不至，包括给汪德昭记电话、接待访客等。这对夫妻真正做到了“妇唱夫随”（李惠年学声乐教声乐，汪德昭是个业余的小提琴手），祸福与共。他们庆祝结婚60周年（俗称“钻石婚”），可谓是“举案齐眉”“白头偕老”这些佳话的典范了。1993年4月22日声学研究所柳天明等同志在庆贺他们的“钻石婚”时，写下了《美满就是太阳》一诗，赞美他们美满幸福的婚姻。诗曰：

从理想到理想，
爱情、事业、奋斗编织的婚姻，
根深叶茂，源远流长，
内在结合，
辉映钻石的闪光。
美好的时辰和着同志的呼吸，
我们热诚充溢，欢聚一堂！
请接受我们的由衷祝贺：
祝贺你俩健康长寿，
都像开始一样。
美满就是可能，
美满就是太阳！

1993年4月22日，汪德昭夫妇二人“钻石婚”合影

1998年，93岁高龄的汪德昭患病在北京医院住院期间，邻里们目睹了最辛苦、最劳神的是91岁高龄的李惠年。他们的儿子汪华心里有本账，在父亲患病住院半年多的时间里，母亲往返医院超过200个来回。我国著名数学家陈景润的夫人由昆和儿子陈由伟也是看在眼里记在心里，陈由伟曾写信说："敬爱的汪奶奶：多想走近给您一点安慰……每次看到您早晚奔波于医院，一种崇敬，一种爱就油然而生，汪先生伟大，您的爱更伟大！"

1996年3月，汪德昭、李惠年在北京密云白龙潭郊游

第三章 留学法国

一、热血青年

汪德昭从出生到大学毕业的年代，正是我们国家和民族灾难深重的“多事之秋”。一方面，代表不同帝国主义国家利益的军阀连年混战，民不聊生；另一方面，帝国主义列强对我国在经济上进行掠夺、压榨甚至发动军事侵略，“亡我之心不死”。面对祖国的政治屈辱和经济落后，作为一个热血青年，汪德昭恨不得立即学好科学，让我们的国家马上强盛起来。他早就下定了决心：到国外去，学好科学技术，回来报效、振兴自己的祖国。

到哪个国家去呢？他选择了法国。为什么？因为法国在孟德斯鸠（Montesquieu）和让-雅克·卢梭（Jean-Jacques Rousseau）等启蒙思想家的影响下，于 1789 年爆发了资产阶级革命，在欧洲甚至全世界首先推翻了封建制度，标榜自由、平等、博爱，对那个时代的青年人很有吸引力。更为重要的是，汪德昭的哥哥汪德耀对他的影响很深，他 1920 年去法国留学，尚未回来，他也觉得兄弟俩在一起好有个照应。不过，最让他坚定了去法国留学决心的，是他聆听了一次法国著名科学家保罗·朗之万的报告。

20 世纪 30 年代初，当时中国的国民政府向国际联盟（也叫“国际联合会”，简称“国联”，是第一次世界大战后建立的国际组织，1920 年 1 月成立，1946 年 4 月正式宣告解散）提出请求，要求“国联”派顾问来中国，以帮助中国改革和完善自己的教育制度，并促进中国的文化中心与外国文化中心的交流。“国联”派出的五人委员会中，代表法国的就是保罗·朗之万，因为他的教学活动和改革教育的主张蜚声世界。

1931 年 10 月初，朗之万等人到达中国。不久，其他成员都回国了，而朗之万一直逗留到 1932 年 1 月 11 日才离开。他先后访问了北平、上海等地，到多所大学会见教师和学生，作了有关相对论、超声波等科学最新进展的学术报告，并发表了热情洋溢的演讲。朗之万在北平期间，一直由我国著名物理学家、中法大学校长李书华教授和国立北平研究院物理研究所所长严济慈教授（这两个人都曾留学法国，与朗之万相识）陪同。

一天，汪德昭听说朗之万教授当天下午要在中法大学发表演说，便特意从学校赶到会场去聆听朗之万的演讲。他对朗之万教授热情支持中国人民反抗日本侵略者的正义斗争留下了深刻的印象，尤其赞成朗之万所说的“中国是人类未来的希望”和“一个真正的科学家不能把自己关在象牙塔中。他负有社会责任，应对人类和社会的进步尽自己的义务”这几句话。汪德昭从内心深处感到，朗之万说得多好啊！他自己正想成为这样既有科研成就又关心社会进步的科学家。他打心眼里佩服朗之万，更加坚定了要到法国留学投师朗之万的决心。

朗之万是世界著名的物理学家，兴趣广泛，他对物理学当时的前沿课题都有所涉猎，而且做出了不少具有创造性的重要成果。他不但科学成就突出，而且关心社会进步，深受广大群众的爱戴。

1872 年 1 月 23 日，朗之万出生于法国巴黎工人区的中心——蒙马特的维格南街的一个工人家庭。他的祖父是个锁匠，父亲是一个负责丈量土地的工人，曾是巴黎公社的社员。朗之万幼年时，听父母讲述亲眼看到反动王朝对巴黎公社社员的残酷镇压，这影响了他一生为正义而斗争。1885 年朗之万小学毕业后，他的父母把他送进了为纪念近代化学创始人安托万-洛朗·德·拉瓦锡（Antoine-Laurent de Lavoisier）而设立的拉瓦锡中学读书。三年之后朗之万中学毕业，以第一名的优异成绩考取了皮埃尔·居里（Pierre Curie）正在这里执教的巴黎高等物理与工业化学专科学校。在三年的大学学习生活期间，皮埃尔·居里给了他巨大的帮助并对他产生深刻的影响，他仍以第一名的成绩从这所学校毕业。毕业后，朗之万很想进入高等学校继续求学，但因家庭经济条件有限而无法实现。直到 1893 年，他才以第一名的成绩考进了巴黎高等师范学校，而这一年他被征召入伍，服了一年的兵役，1894 年才正式进入巴黎高等师范学校学习。1896 年毕业后，由于对科学工作产生了更浓厚的兴趣，他没有去教书，更由于表现出了卓越的才能，他得到了巴黎市的奖金而赴英国剑桥大学学习，得到当时英国著名的科学家约瑟夫·约翰·汤姆生（Joseph John Thomson）的帮助，在卡文迪许实验室里，在汤姆生的指导下从事物理学研究。在那里朗之万还接触到了欧内斯特·卢瑟福（Ernest Rutherford）、查尔斯·汤姆逊·里斯·威尔逊（Charles Thomson Rees Wilson）等一批伟大的科学家。1899 年，朗之万从英国伦敦回到了法国，在巴黎大学教物理学，1902 年获得博士学位。1903 年他回到母校巴黎高等物理与工业化学专科学校担任教授，1909 年又兼任法兰西学院教授。1925 年，他被选为索尔维物理学会议主席和英国皇家学会会员，1929 年当选为苏联科学院名誉院士。直到 1934 年他才当选为法国科学院院士。

朗之万的科学研究活动主要是在 19 世纪末和 20 世纪初进行的。这个时期正是科学进步的伟大时代，物理学的发展导致了一系列的发现。例如，证明原子可分的电子的发现，放射性现象的发现，当时认为是不变的化学元素蜕变的发现，等等。这时，各国的科学研究活动极为活跃。威廉·康拉德·伦琴（Wilhelm Conrad Röntgen）于 1895 年发现了 X 射线，为人们提供了一种有力的工具，科学家纷纷利用伦琴射线来研究物质的各种特性和化学的、物理的变化过程，从而发现了许多新的特性与过程，并能够解释一些以前不能完全了解的东西。

在这个过程中，年轻的、刚刚投身科学研究的朗之万，以其特有的机敏和天赋，取得了许多成绩，引起了科学界的注意。朗之万还是巴黎高等师范学校学生的时候，他就和好朋友让·佩兰（Jean Perrin）在 1895—1896 年的冬季，阐明带电荷物体的放电过程。这项工作引起了科学界的重视。因为这个工作结果与汤姆生的工作结果一样，时间一样，但他当时只是一名年轻的学生，而汤姆生已是国际上颇负盛名的著名科学家、卡文迪许实验室的主任。如今，在卡文迪许实验室的一个荣誉厅中，还并排悬挂着朗之万和汤姆生的肖像。

朗之万在卡文迪许实验室经过几年的研究，在气体电离研究方面取得了成就，很快地引起了当时物理学界的注意。此后，朗之万用电子理论阐明了物质的磁性现象，并提出了关于顺磁性和逆磁性的理论，成为近代物理学中这一方面的经典理论。

1904 年，朗之万发表了《电子物理学》，他所发展的统计方法获得了广泛的应用。英国著名物理学家约翰·德斯蒙德·贝尔纳（John Desmond Bernal）曾说过："朗之万是第一个用数学公式，也就是可以用计算的形式来表示各种体系组合的相互关系的人。"

朗之万同时还致力于发展相对论的理论，他和爱因斯坦同时而各自独立地确定了相对论中的一个基本关系，即质能关系式[在一个体系中，一个惯量都对应一个能量（E），这等于质量（m）与光速（c）的平方的乘积，即 $E=mc^2$，能量的释放必然对应于物质结构的彻底毁灭]。所以，在法国，人们习惯于把"$E=mc^2$"这个公式称为"朗之万-爱因斯坦公式"。

第一次世界大战期间，朗之万用压电晶体获得了超声波，这种方法不仅有理论上的意义，而且有重大的实用价值——用于海底通信、超声速探测、探测潜艇的踪迹等。

朗之万不仅是一位成就卓越的科学家，还是一位关心社会发展和人类进步的知名人士，早在 1917 年帝国主义国家干涉刚刚建立的苏维埃国家时，他就勇敢地站出来反对帝国主义国家。1922 年，他冲破法国沙文主义者的阻挠和德国军国主义者对爱因斯坦的仇视与压迫，以法兰西学院的名义，邀请爱因斯坦到法国讲学，介绍他最近的发明。朗之万自己也到德国柏林去讲学，为此受到了莱茵河两岸国家主义者的夹击，但他并不退缩。当柏林警察总监禁止他讲演时，他绝不屈服，当着警察总监的面，继续命人宣读他的讲稿译文。1931 年，日本帝国主义侵占中国的东三省以后，他毫不犹豫地谴责了日本的侵略罪行。1932 年他参加了反法西斯侵略战争、保卫和平的活动……尽管纳粹德国在占领法国后，德国秘密警察（Geheime Staatspolizei，Gestapo，音译为盖世太保）曾将他逮捕并长期监禁，他的爱婿、著名理论物理学家雅克·梭罗蒙被纳粹分子杀害，他的女儿爱伦被纳粹分子关进奥斯威辛集中营，等等，但他始终没有动摇过保卫世界和平、民主以及反对侵略的决心和信心。

朗之万以自己的言论和行动，深深地影响着汪德昭，他决心投奔并拜法国这位世界科学大师为自己的导师。

二、万里投师

为了实现自己科学救国的理想，汪德昭经过近两年时间的准备，筹措足路费、安顿好家庭之后，于 1933 年 10 月初，告别父母，以及结婚不到半年的妻子李惠年，离开自己生活了 20 多年、当时正笼罩在日寇侵略阴影之下的古城北平，搭上火车，沿着津浦线南下，直奔上海。10 月 8 日，再从上海登上开往法国的巨型外国客轮，开始了他人生旅程中的一个新阶段。

轮船驶离上海后，坐在三等舱里的汪德昭，一方面思念亲人，尤其是爱妻李惠年；另一方面也深知自己此行来之不易，他决心一定要在国外努力学习，将来实现自己振兴祖国的愿望。于是，他拿出自己随身携带的书，专心致志地埋头读起来。有些累了，就到甲板上走走，领略一下沿途的海上风光。一群一群的海鸥和信天翁在蔚蓝的天空展翅翱翔，看得汪德昭禁不住心潮起伏："为了祖国的富强和人民的安康，我现在虽然远去了，但是等我学好本领，'翅膀硬了的时候'，我一定会回来的。"

轮船像犁铧耕地那样犁开海水，从东海进入南海，在越南（当时是法国的殖民地）的胡志明港（又称西贡港）停了 3 天，装载好货物，而后沿着中南半岛南下，过马六甲海峡，在海上度过了 30 多个昼夜之后，终于在 11 月 10 日到达了目的地——法国南部的重要港口马赛。轮船在码头上停稳以后，汪德昭按照大哥汪德耀原先提出的建议，搭上火车从马赛到达巴黎，停了一个星期，走马观花地欣赏了一下旖旎的异国风光。11 月 17 日，他乘火车直奔法兰西东北的邻邦比利时首都布鲁塞尔，到布鲁塞尔大学听课去了。汪德昭为何到布鲁塞尔去呢？这是因为：第一，汪德昭过去虽然学过法语，但听讲能力不行，无法在课堂上记笔记，更谈不上做研究了；第二，比利时虽然也是讲法语的国家，但物价要比法国低一些，中国的银元对比利时法郎的汇率，要比对法郎的高一些，为节约起见，所以汪德昭先到了布鲁塞尔。从这里也可以看出汪德昭对事业的执着和勤俭节约的精神。经过几个月的努力，汪德昭的法语水平有了长足进步。

1934 年 6 月 16 日，汪德昭才到达巴黎。当时，朗之万是法国高等物理与工业化学学院的校长。根据别人的指点，汪德昭找到了坐落于塞纳河南岸有名的林荫街道——圣米歇尔大道不远的高等物理与工业化学学院。进入朗之万的实验室后，汪德昭向朗之万致意、问候，并把临行前我国著名物理学家李书华教授写给朗之万的一封极其普通的介绍信，以及自己在大学学习时的成绩表交给了朗之万。朗之万看了李书华的信后非常高兴，对汪德昭说："欢迎你到巴黎来，你准备在法国待几年？准备做哪方面的研究？"汪德昭据实告诉他：自己虽然有志于从事科学研究，但在来巴黎之前，除了做过综述性的工作外，并没有参加过研究，在课题选择上愿意听从朗之万的安排。朗之万告诉汪德昭，由于暑假将要来临，法国人很重视暑假休息，不便于安排工作，他建议汪德昭等下学期开学以后再来；至于研究课题，他会替汪德昭考虑的。

于是，汪德昭辞别了朗之万，到"法国联盟"学校专心学习法语。到了 1934 年 10 月，他才再次去见朗之万。朗之万对汪德昭说："你的事情我在考虑，请你下个星期六来，我们具体谈。"

1934 年 10 月 20 日，也就是朗之万说的"下个星期六"。这天，汪德昭起床梳洗完毕，兴冲冲地如约赶到朗之万的实验室，寒暄之后，朗之万示意汪德昭在他的办公桌对面坐下，说："欢迎你到我的实验室工作。关于研究课题，假如你同意的话，可以考虑研究低空大气层中的离子（ion）这个问题。"

朗之万为什么要汪德昭研究低空大气层中的离子呢？

19 世纪末至 20 世纪初，作为现代物理学的重要内容之一，电子学刚刚起步不久。人们在广泛探索无线电技术的应用时发现，在距离地面 50—1000 千米的高空大气圈内，在太阳光（主要是紫外线）的照射下，气体分子会电离成为正离子和自由电子，使大气内形成随高度不同而电子密度不同的气层。人们把这层大气叫作电离层（或电离圈）。短波波段的无线电波能被电离层折射返回地面，从而完成了远距离的无线电通信。后来人们又发现，低空大气层（距离地表几百米到十多千米）中也存在带电离子，它们对通信，对云、雾、雨的形成和发展，也就是对气象、农业生产和人类生活，都具有十分重要的意义。当时，有一位年轻的法国物理学家对深入研究低空大气层中的这些离子表现出了特别的兴趣。为了找到比较"干净"的空气，1904 年，他曾独自一人爬上高达 300 多米的巴黎埃菲尔铁塔，进行了深入的实验研究，时间长达几个月。结果，他发现空气中存在体积很大的“大离子”，这在当时是一个了不起的发现。这位年轻的法国物理学家，就是后来赫赫有名的朗之万。朗之万在1902年完成的博士学位论文的内容就是有关大气中离子的研究，而且后来他一直关注着这方面的研究。只是因为还有好多更重要的工作要做，于是朗之万把这个题目暂时放下了，一直没有腾出工夫来继续做。现在，汪德昭来得正好，朗之万经过再三考虑，决定把自己这个心爱的题目交给汪德昭。从此，汪德昭就成了朗之万的研究生。

朗之万见汪德昭对研究课题没有异议，非常高兴。他建议汪德昭先用一段时间了解一下文献，看看别人是怎样做的，自己的实验应当如何设计，等考虑好了再跟他商量，他同意了再开始动手做。于是，从朗之万办公室出来，汪德昭便一头扎进了图书馆，去查阅有关气体电离研究的文献，一连几个月，汪德昭不仅在本校图书馆里查，还到巴黎大学的图书馆和法国国家图书馆查阅文献。

通过查阅文献，汪德昭对研究课题的意义和目的有了进一步的了解。大气中大小离子的平衡态，指的是这样一种情况：低空大气中存在体积不同的大离子和小离子。这些大小离子有的带正电荷，有的带负电荷，还有不带电荷的中性粒子。中性的大离子就是通常所说的微小的悬浮质点，当它遇到带正电荷的小离子时，小离子会把自己的电荷扩散给它，使它成为带正电荷的大离子；同样，中性的大离子如果遇到的是带负电荷的小离子，就会变成带负电荷的大离子。正负大离子在空气中的迁移率是十分微弱的，根据朗之万以往的测定，在电位差为1伏特时，每秒钟只会移动千分之三厘米，因而正负大离子本身相遇而产生电性中和的机会是不多的，可以忽略不计。所以，制约着大离子增长或消灭的，是带着反向电荷的小离子。小离子的产生也不是无限制的，因此，在一定的空间内，经过一定的时间之后，其中的大离子本身的增长与消失相等，大离子的数目是一个常数，于是就成了平衡态。

为了摸清大小离子达到平衡态的规律，人们需要研究的是：大离子的数量与悬浮质点（即中性大离子）的数量、体积大小的关系，与小离子的浓度的关系，以及大离子本身合成的系数，等等。所有这些都要通过测定，才能上升为理论。然而，国际上对大小离子平衡态的研究结果，各项参数存在着很大的分歧，差异很大，有的差几倍甚至几十倍，而这些测定都是当时有名的科学家所做的，其严肃性是不容怀疑的。

针对国际上测得的数据差异如此之大的实际情况，汪德昭经过几个月的文献研究和周密分析，认为世界上各地区数值存在差异，首先是因为在自然条件下进行的测量，没有控制悬浮质点的体积、密度、电离强度等；其次是没有一套较完整的理论来描述大离子的合成机理。于是，1935 年 6 月，汪德昭同朗之万谈了自己的看法，并且建议应当在实验室里用人工方法创造一个可以控制的环境，从实验和理论两个方面系统地研究大小离子的平衡态。朗之万听了汪德昭的想法和他自己想的一样，非常高兴，当即表示同意，并鼓励汪德昭好好地把实验做成功。

三、“一炮”打响

说来容易，可要真正创造一个人工控制的环境，在当时没有现成的实验设备的情况下，却非常困难。难就难在：怎样创造出比较均匀的悬浮质点？怎样使这些均匀的质点能连续发生几个小时（时间短了不够实验用）？如何控制质点的数量？如何控制质点的大小并测量其电荷？

对于这些问题，汪德昭日思夜想，连走路、吃饭时都在思考解决的办法。这时汪德昭刚刚 30 岁，又是第一次亲自参加科学研究工作，虽然经验不多，但“心气儿”很高，总想把“第一炮”打响，而且自己觉得必须打响，不然就感到抬不起头来。于是，有一段时间，他每天全神贯注，像着了迷似的。有一天，他到一家中国人开的小饭馆去吃晚饭，吃着吃着，他的目光停留在一盘燃烧着的蚊香上。那袅袅上升的蚊香烟，让汪德昭的眼前突然一亮：有了！这蚊香不正是极好的“悬浮质点源”吗？它出来的烟雾均匀，一盘蚊香又可连续燃烧两个小时以上……一下子解决了几个难题，这令汪德昭兴奋不已。他匆匆吃完晚饭，马上从饭店老板那儿“匀”了几盘蚊香，急忙赶回实验室做实验。一试，果然不错。他立即到街上买了好几盘蚊香，准备用来做实验。

有了实验材料，还没有实验设备。汪德昭想，应当让蚊香烟通过玻璃管道，这样既可以看见质点的多少（烟的浓淡），还可以考虑测量质点的电荷……这时，在大学学习时吴有训先生教给他的吹玻璃的技术派上了用场。汪德昭心灵手巧，他根据需要自己画了个仪器的草图，并按照自己的设计，吹一吹，拉一拉，没多久，一套适用的玻璃仪器就制成了。再设计金属小型圆桶状电容器，以便测量正负号的大离子。当他把蚊香点燃放到仪器内正式进行实验时，恰好朗之万的小儿子安德烈・朗之万（André Langevin）在汪德昭的实验室，一听汪德昭说了声“实验成功了”，高兴地马上跑到另一间房内向他父亲报告：“汪德昭的实验成功了！”

1935 年，朗之万教授视察汪德昭的大离子实验工作

1935 年，汪德昭在做大离子实验

第一次实验的成功，给了汪德昭极大的鼓舞。他从此一发不可收，1935—1939年，围绕大小离子平衡态的问题，用人工烟的悬浮质点作为大小离子达到平衡时，他测量了：大小离子数量随悬浮质点数量变化的情况，大小离子数量随悬浮质点大小变化的情况，大离子随小离子浓度变化的情况，大离子合成系数随悬浮质点大小变化的情况，大离子迁移率的谱……由于实验需要用大量的蚊香，而巴黎不产蚊香，蚊香多是由中国运去的，既贵又少。为了省钱，汪德昭不得不写信回北平，请他的三弟汪德熙（当时正在清华大学读研究生）代买寄到巴黎。

根据实验结果，汪德昭很快写出了自己的第一篇论文交给了朗之万。那天下午，朗之万正好到法国科学院去开院士会议，他把汪德昭的论文带到院士会上宣读了。由于空气中带电质点的情况是当时人们普遍关注的课题，所以汪德昭的论文受到了法国科学界的关注和欢迎。经过朗之万推荐，《法国科学院院报》（*Comptes Rendus*）很快刊登了汪德昭的第一篇论文。后来，汪德昭的论文在《法国科学院院报》和法国的《物理学报》（*Journal of Physique*）上陆续刊登了出来。《法国科学院院报》是一份有世界威望的高水平学术刊物，每周一期，它只刊登院士的推荐稿，不登自由来稿，而且限定字数，每篇论文的篇幅不得超过两页半。因此，虽然汪德昭在该刊上发表了许多文章，但是由于篇幅受到了较大的限制，有许多问题未能充分展开讨论，因而总的字数并不太多。

大小离子平衡态的研究是在空气中带电粒子的研究刚刚起步不久的情况下进行的，在这项研究中，汪德昭发挥聪明才智，创造性地把几种方法应用于大小离子的测量中，获得了令人满意的结果：他与导师朗之万推导出大离子的合成系数的理论，并且应用于低空大气层中，解决了多年的争论；为了测量悬浮质点的数目，他设计、创造了一种简便的光学与静电计相结合的仪器，可以用眼睛观察烟的浓度，又可以量出总电荷而算出离子数量；为了测量悬浮质点的大小，他采用了称量与计算相结合的方法，求出了离子直径的近似值是2.59×10^{-5}厘米；为了测量大小离子的迁移率，他采用了交流电场法，观察大离子的正弦运动，得出其迁移率为3.6×10^{-5}厘米……

汪德昭在实验中经过反复实测的结果，各项参数均和理论值符合，而且他测定的值，正好处于国际上争论的两大派的数值（一派的数值偏高，一派的数值偏低）的平均值附近，解决了国际上多年的争论。1940 年，汪德昭以这项工作作为博士学位论文的内容（论文的题目是《用 X 射线或放射物质研究气体中悬浮质点的电离》）通过了答辩，获得了法国国家博士学位（当时法国的博士分为三种，即大学博士、工程博士和国家博士，后者最难获得），并被评为“最高荣誉级”，评委致以祝贺。三位主考之一的拉布鲁斯特（Labrouste）教授对汪德昭说：“你的论文的内容足够获得两个国家博士学位。”

1945 年，汪德昭的这项研究成果荣获法国科学院的“虞格”奖金，这项奖金一年颁发一次，获奖者不分国籍，但必须是有重要创造性成果的学者。当时也在法国工作的我国原子核物理学家钱三强，得知汪德昭获奖的消息后，特赠给汪德昭一枚法国科学家安德烈-玛丽·安培（André-Marie Ampère）的纪念章，并附上自己的名片，以示祝贺。他在名片的背面写道：

> 一九四五年法国科学院赠送德昭兄“虞格”奖，为我国科学界之光荣。“虞格”奖向例系赠给电学有贡献者，故特以法国之大电学家安培像奉赠德昭兄，以为纪念。
>
> 弟 钱三强
>
> 十二月十七日

1955 年 4 月，在爱尔兰的首府都柏林召开的国际凝聚核学术讨论会上，他所创立的“关于大小离子平衡态研究”的新理论被认为是“目前普遍接受的朗之万-汪德昭-布里加理论”。现在这项理论已成为大气电学的经典理论。

第四章　难忘巴黎

一、结缘水声

从 1938 年起，汪德昭一直在法国国家科学研究中心（朗之万实验室和它挂钩的机构）供职，历任助理研究员、研究员、专任研究员和研究指导等职，有比较高的工资收入，不仅能维持一家三口的生活（1937 年，汪德昭和李惠年住在离实验室很近的巴黎多来福街时，他们的儿子汪华出生了），还有富余，可供李惠年继续研究欧洲古典声乐等。汪德昭家庭生活美满，研究进展顺利，风华正茂，正准备好好地大干一场。

可好景不长，正当汪德昭在大气大小离子平衡态的研究进展顺利，并有可能对大气电学进行深入研究、取得更多成果的时候，世界政局发生的变化，对他的研究工作产生了不小的影响。

汪德昭关于大气大小离子平衡态的研究成绩，十分受导师朗之万的赏识。随着第二次世界大战气氛的日益浓重，法国公开宣布参战。因为朗之万是反潜艇声呐的发明人，而当时纳粹德国的潜艇横行于大西洋及北海，甚至到了地中海一带，所以，1939 年，朗之万实验室受命成为法国国家科学研究中心国防第四研究组。按照惯例，战时一切外国人都必须离开国防研究机构，但是，朗之万根据汪德昭的才能和表现，却破例把他留下了，汪德昭成了战时法国国防科研机构中唯一的外国人。

朗之万把海军部下令给他的课题组的课题“尽快解决主动声呐加大功率的问题”交给了汪德昭，这使他有幸接触到了水声科学技术这一研究领域。也因此，汪德昭与我国国防水声结下了不解之缘。后来，他开创了我国的国防水声事业，培养和造就了我国国防水声科学研究队伍，使我国国防水声从无到有，并迅速成为国际水声学的指挥。他奋斗了一生，创造了辉煌的成就，作为堂堂中国人，赫赫科学家，汪德昭被世人所敬仰。

声呐的英文缩写为SONAR，全称为Sound Navigation and Ranging（声音导航与测距），俗称“水下雷达”，是利用水下声能来探测水中目标、状态的仪器或技术，分为主动式声呐和被动式声呐两种。主动式声呐指能辐射水下声能，并利用其反射波的设备；被动式声呐指仅能接受远距离所发的水下声能的设备。目前，声呐技术已经广泛应用于各种舰艇和水下作业，如探测水下目标、水中自动跟踪、渔业勘测，等等。

声呐技术在第二次世界大战中发挥了很大作用，对粉碎希特勒（Hitler）的潜艇战具有重要意义。美国影片《海底喋血战》（*The Enemy Below*，又名《水下敌人》）中，不论是美国的驱逐舰还是德国的潜水艇，交战双方主要依靠的都是声呐。声呐技术的高低，在很大程度上决定了舰艇或岸站的战斗力大小。声呐是朗之万在第一次世界大战期间发明的。“朗之万式”的圆盘状声呐换能器，其中间是压电水晶片，外边由两块钢板夹起来，被称为“面包夹火腿式换能器”，声波传得很远，探测潜艇虽然很灵敏，但功率不能太大，如果功率太大，夹在钢板中的石英片就会脱落，直接影响声呐设备的性能和寿命，甚至会散架。朗之万便让汪德昭想办法加大它的功率，又使其不会散架。

经过一段时间的研究和试验，汪德昭最后巧妙地采用了一种工艺，使单位面积的功率大大增加，极大地提高了声呐的性能和可靠性。后来汪德昭还受命研究了另一个国防项目——飞机场声波驱雾（因为盟军英国的伦敦雾大，被人们称为“雾都”）技术，汪德昭等利用大振幅声源[5个大气压压缩空气的哈特曼（Hartmann）哨]，在实验室的长筒内，使很浓的悬浮粒子在很短时间内就落下来了。由于声音很强，分贝数很高，汪德昭在实验中左耳受损，听力锐减，从此如果声音小了，他就听不清楚。后来由于法、英两国很快战败，汪德昭的这些研究成果没有来得及付诸实践。

当时，英国首相张伯伦（Chamberlain）等人采取绥靖政策，姑息、纵容希特勒的侵略扩张，导致其更加嚣张。1939 年 9 月 1 日，法西斯德国悍然发动袭击，采用所谓“闪电战”，向东侵占了波兰、捷克等国家。1940 年 5 月 10 日，纳粹德国又发动西线进攻，绕过马其诺防线，通过在法国西北部的敦刻尔克一仗大败法军，突破法国防线，长驱直入，6 月兵临巴黎城下。面对当时的危险形势，为了大家的安全，朗之万嘱咐他实验室的同事们解散，各自想办法南撤，到法国南方的图卢兹集合，再另作打算。

汪德昭一家三口，在战乱中得到一位在巴黎开饭馆的姓云的华侨老板的帮助，搭乘这位老板的朋友——一位开出租车的司机老孙的小汽车离开了巴黎，很快就到了图卢兹。1940 年 6 月，巴黎被德国侵略军占领。不久，德军占领法国全境。

二、疾风劲草

在图卢兹大学，当时很多人劝说朗之万到英国去，说那里很安静，还可以做科研工作。朗之万却说：“法国需要我，我的朋友、学生需要我，我要和法国人民在一起，跟法西斯斗争。”朗之万毅然折返回到了已被德军占据的巴黎，继续从事科研工作。不久，汪德昭一家也回到了巴黎，汪德昭依旧在朗之万实验室做自己的研究工作。确切地说，他们是同仇敌忾，在敌占区部署和开展新的战斗。

1941年，汪德昭、李惠年、汪华
在法国巴黎留影

1940 年 10 月 30 日，已是深秋时节的巴黎被德军占领，满街晃动的大多是德国士兵。这天中午，汪德昭回家吃过午饭，午休后照常到设在高等物理与工业化学学院的朗之万实验室去上班。刚走到大门口，他就看见两辆盖世太保的小汽车迎面从院里开出来，后面那辆车里有人向他招手。汪德昭定睛一看，啊！正是自己的恩师朗之万先生。“大事不好，朗先生被他们逮捕了。”于是，汪德昭三步并作两步地跑到法兰西学院，把这个消息告诉了他的一个好朋友、法共党员尼可拉（Nicolle）教授，汪德昭大声地说："我看见盖世太保把'老总'抓走了！"尼可拉在约里奥-居里实验室工作，他又马上把这个消息告诉了约里奥-居里。这样，朗之万被逮捕的消息很快便传遍科技界，传遍了全世界。法国的知识分子对此非常震惊。后来，汪德昭才知道，因为朗之万是国际反法西斯反战争委员会主席，在希特勒看来是眼中钉，所以把他逮起来，想把他杀掉。大家想出种种办法营救朗之万先生。巴黎的学生也愤怒了，他们在拉丁区示威，后来跑到凯旋门示威。德国法西斯向学生们开了枪，死伤了很多人。国际著名学者，如爱因斯坦、卡皮察（Kapitsa）等，不仅抗议，还想方设法营救朗之万出狱……正是因为世界各地人民的强烈抗议，纳粹分子慑于舆论压力，才没敢对朗之万贸然下毒手。他们把朗之万投入了巴黎的桑德监狱关了 38 天。而后又把他押到距离巴黎 100 多千米的特鲁瓦小城拘禁起来，允许他在城中活动，但不准离城，而且每隔两天就要到该地盖世太保司令部去报到。

1940 年底，汪德昭完成了导师朗之万交给自己的研究课题，要在巴黎大学小礼堂举行博士学位论文答辩。他怀着对导师朗之万无比深厚的感情，在答辩会上当着那么多科学家的面，在宣读论文开始前，声音哽咽地一字一顿地说："今天，我敬爱的老师——保罗·朗之万教授未能到场，我感到非常难过。"

法国政府宣布投降后不久，傀儡政府秉承盖世太保的旨意，下了一道命令，宣布撤销朗之万的所有行政和学术职务，包括院士的身份。汪德昭听了十分愤慨，作为外国侨民，在不能参加任何政治活动的情况下，为了表达自己反对法西斯分子倒行逆施的心境，他想出了一个对付傀儡政府的办法。法国科学院有个院报，这个院报规定，刊登在上边的文章必须有院士推荐，没有院士推荐的稿子一概不刊登。过去，汪德昭的文章在院报上刊登都请朗之万推荐，为了抗议法西斯，他执意把要发表的文章仍然寄给朗之万，请他继续推荐给《法国科学院院报》发表。如果论文登出来了，岂不说明了傀儡政府的"宣布"只不过是一纸空文而已？这说明朗之万还是院士，傀儡政府的命令没有人听。

1940 年 12 月 9 日，朗之万被转移到特鲁瓦城，汪德昭于一周后给他寄去了一篇题为"大气中的离子平衡"的论文。朗之万收到论文后精心进行了修改，于12月21日就给汪德昭回了信，对论文表示满意，而且非常感谢汪德昭给他寄论文。12月30日，这篇文章就在《法国科学院院报》上发表了。实验室的同事们都很激动和兴奋，纷纷向汪德昭表示祝贺，因为他们的斗争取得了胜利。当时钱三强在巴黎伊蕾娜·约里奥-居里（Irène Joliot-Curie）实验室，对汪德昭的这种办法十分赞成，于是他也写文章请朗之万推荐，也刊登出来了。

三、患难真情

朗之万入狱后，汪德昭时时刻刻惦记着自己的恩师，逢年过节，他总不忘给朗之万写信，并想方设法带去小礼物。有一年朗之万过生日，汪德昭还特意以他儿子汪华的名义，给朗之万送去了一尊中国的“老寿星”。对此，朗之万非常感动。他于1942年1月9日在狱中写信给汪德昭说：“……你所给予我的真诚友谊和珍贵物品，正在帮助我度过这漫长的流放生活，特别是你的友谊是我永远可以依靠的……”

汪德昭关心导师朗之万，朗之万也很爱护自己的这个中国学生。朗之万在被流放期间，他的爱婿，一位年轻出众的理论物理学家雅克·梭罗蒙，因系法共党员，被盖世太保当作人质枪杀了；他的女儿爱伦被送到奥斯威辛集中营去了。国难、家仇集于一身，对这个年逾古稀的老人来说，其心情之烦愁是可想而知的。但是，朗之万不仅非常冷静机智地与残酷的现实做斗争，而且十分惦念汪德昭。1941年的一天，实验室的法国同事和好友尼可拉教授，从特鲁瓦探望朗之万回到巴黎后来到汪德昭的家中，掏出几千法郎交给汪德昭，并说：“朗先生很关心你们的生活，他考虑现在是战争时期，你们的生活会有困难，所以让我把这笔钱带给你们，可能会对你们有帮助。”汪德昭这位素以能控制感情著称的男子汉，顿时被导师的真情感动得热泪盈眶。平时口才很好的他手捧法郎，感动得连话都说不出来了。因为在法国，平时即使是再好的朋友，也是很少互通钱财的。

汪德昭和在巴黎实验室的同事关系非常好。尼可拉教授和汪德昭同住一栋楼，汪德昭住三楼，尼可拉住二楼。尼可拉每次从实验室回来时，总要到汪德昭家里和他的孩子玩一会儿才回家，有时还在汪家吃晚饭。一次，汪德昭回家的时候，传达室的老太太对他说：“汪啊！今天盖世太保来了。”

汪德昭警惕地问："他们有什么事？"她说："问尼可拉住在几楼几号。"汪德昭说："噢！知道了。"汪德昭回到家里，焦急地等待着，过了半个小时，尼可拉回来了，汪德昭把刚才听到的情况告诉了他，让他赶快走。因为汪德昭知道尼可拉是法共党员，是坚决反对德国法西斯的。尼可拉听了，立刻转移了。夜半时分，盖世太保真的来了，他们疯狂地砸开尼可拉的门，结果当然是扑了一个空。后来法国解放了，尼可拉教授，这位法共党员成了当时法苏友好协会的重要成员。

尤其令汪德昭不能忘怀的是通过朗之万先生的小儿子安德烈·朗之万写的《我的父亲朗之万》，他了解到朗之万先生在狱中还在关心着自己的研究工作。书中是这样写的：

> 他在狱中虽然没有书，没有纸也没有笔，但还是做研究工作。他在走廊上或是院子里拾捡起燃烧过的火柴棒，用医生给他的治胃病的炭末掺水蘸着，就在手纸上写起来了。他是那样有耐心，因为这样的书写是很困难的。38天，他写了一大卷数学计算。我们保存了这卷手纸。我确信里边有两个题目。一个是关于振荡电路的计算；另一个是对汪德昭论文的补充计算（汪是研究室的科研人员）——关于气体电离问题。

这里所说的气体电离问题，是因为汪德昭在一篇论文中曾引用过朗之万的一个公式。有人说这个公式中未考虑离子合成时分子热骚动的影响，于是朗之万就利用在狱中的时间，凭着自己的记忆，彻底分析、计算了分子热骚动的情况，分析结果证明分子热骚动不会对公式产生影响。朗之万的这段分析后来被整理成文，于1945年1月发表在法国的《物理学报》上，论文的题目是《关于离子的结合》，这是朗之万一生中最后一篇论文。关于气体电离，可以说是朗之万本人终生关注的研究课题，一方面因为这是当时许多科学家共同关心的课题，另一方面是因为预估到这项工作会产生广泛的应用价值。朗之万特别器重汪德昭，在某种意义上，可以说是因为汪德昭出色地实现了他本人所希望达到的研究目标。

朗之万后来得到他的学生约里奥-居里的帮助，于1944年设法逃出法国到了瑞士，法国解放后才回到了自己的祖国，于1946年12月19日逝世，葬于法国先贤祠。朗之万以他光辉的一生，在科研和做人两个方面给了汪德昭以深刻的影响。中国有句名言，叫作“经师易得，人师难求”，朗之万是汪德昭的人之师表，他们师生之间的深厚情谊，亦堪称楷模。

四、巧助伊蕾娜

朗之万被捕后不久，“法奸”贝当（Pétain）政府给朗之万实验室派来一名亲德的物理学家主持工作。汪德昭当然不屑与他为伍，立即愤然退出了这个实验室。汪德昭这一正义举动得到了巴黎镭学研究所的领导人——伊蕾娜·约里奥-居里的赞赏。之后，汪德昭到镭学研究所居里的实验室工作。伊蕾娜因与丈夫发现人工放射元素而获得诺贝尔奖。她主持的镭学研究所也是世界上很重要的一个研究中心。那时，在这个研究所里正在酝酿原子量的释放和原子分裂问题。

当时，有一件事难住了伊蕾娜，那就是她用的由德国制造的一个仪器的白金丝断了，这根白金丝的直径仅有1微米。有一天，汪德昭正在大磁石房间里做RaD转换电子绝对强度的测量（这项工作的结果于1943年发表于《法国科学院院报》上，作者还有旭吕克和钱三强），伊蕾娜要汪德昭去她的办公室说有事。汪德昭去了。伊蕾娜笑着对他说：“对不起，打搅你的实验工作了。我有一件要紧的事和你商量。”汪德昭说：“请不要客气，有事您就讲吧！”

伊蕾娜拿过一件仪器，她有点发愁地对汪德昭说：“汪，你知道，这是我每天都要用的乌尔夫（Wulf）型静电计。这是德国制造的仪器，它最关键的部件是一根1微米细的白金丝，长60毫米。可是现在这根白金丝断了。因为战争的缘故，现在到德国买仪器是根本不可能的，而我的研究工作又一天也离不开它。所以，请你务必帮帮我的忙把它修好，另外焊一根1微米细的白金丝吧！”

在当时，这种盖革-米勒计数器刚出现不久，实验室还未普遍使用，伊蕾娜·约里奥-居里和让·弗雷德里克·约里奥-居里（Jean Frédéric Joliot-Curie）夫妇二人用的都是灵敏静电计（electrometer）。他们二人发现人工放射性元素时，用的就是霍夫曼（Hoffmann）型静电计，其灵敏度可以测量1000个电子的电荷。

汪德昭听了伊蕾娜的请求，先是吓了一跳，心想1微米细的白金丝，在一般光线下，肉眼看清楚都不容易，稍微一点风就能吹断，何况还要把它焊在一起，怎么焊呢？他想了一下说："夫人，这件事一定要心非常细、手非常巧的人，才有可能做到。我给您提个建议，您最好找一个女工作人员来做。"

伊蕾娜说："汪啊！我最初也是这么想的。不过我找了许多人，他们都不行。他们说中国人的'手巧'是世界闻名的。所以，我把你找来了，你一定不要推辞。"伊蕾娜的态度非常诚恳，眼中透露着诚挚和信任。这让汪德昭无法拒绝，只好答应说："那我就试试看吧，不一定能成功。"

汪德昭把断了丝的静电计带回自己的实验室。当时他也想到了，伊蕾娜这个实验室是关键实验室，原子分裂正在这里酝酿，伊蕾娜正在赶做这方面的研究，这对反法西斯非常有用。后来，他也了解到，伊蕾娜确实曾为此找过许多法籍研究员，他们都说不能修。是她的助手提议，她才找到自己的。知道这个情况后，汪德昭下决心要攻克这个难关，为中国人争光。汪德昭一心思考着怎么修，日夜琢磨。他首先摒除了把1微米细的白金丝直接焊到小铜柱上的简单办法，而是采取了一种"迂回"的技术路线：先在一根较粗的白金丝的外层镀银，使其直径变得更粗；而较粗的白金丝是可以直接焊在铜柱上的；焊好以后，再经过一般的拉丝技术，将银线中心的白金丝的直径拉成1微米；而后再将银层用稀盐酸溶液洗掉。在当时的法国，拉丝技术是有专业厂家可以代做的。经过大约三个星期的试验，静电计居然就这样修好了。

当汪德昭将修好的静电计拿给伊蕾娜看时，她开始还不放心，把盖子打开一看，呀！果然一样，试试灵敏度也很好。她高兴地说："很好，很好！跟原来一样。我祝贺，祝贺你，谢谢你啦！"这件事情为中国人争了口气：外国人不能干的，我们中国人干出来了。

汪德昭能修好精密仪器的消息不胫而走，在巴黎的科技界传开了，汪德昭由此声名大噪，很多科学家慕名前来请汪德昭维修仪器，汪德昭也热情地为不少人修好了他们的仪器。1948年，汪德昭在兼任法国原子能委员会顾问时，曾为这个委员会研制了一台可以测量1000个电子电荷的高灵敏度静电计与微量天平，得到外国著名科学家较高的评价，其中高灵敏度静电计被命名为"居里-汪氏型"。

1941年夏，在约里奥-居里教授夫妇家度周末（二排右一为让·弗雷德里克·约里奥-居里教授，右二为伊蕾娜·约里奥-居里教授，二人皆为诺贝尔奖获得者；左二为时任法国原子能总署秘书长毕加教授；二排左一为汪德昭）

1950年3月31日，庆贺让·弗雷德里克·约里奥-居里教授五十寿辰

几十年以后，法国X射线专家纪理叶（Ginier）访华时，在欢迎宴会上还特别提及此事，盛赞汪德昭为法国战时的科学研究的进展发挥了作用。1991年8月，法国政府科学研究与航天部部长于贝尔·居里安来华，向汪德昭、严济慈等人授勋时，在贺词中也提到了这件事，称赞汪德昭有一双“巧手”，并说：“汪（德昭）是当时法国能做这项工作的唯一的人。”

五、科海扬帆

导师朗之万被捕后，汪德昭悲愤异常，他虽然无法去扫荡法西斯以解心头之恨，但一种抗战的热望，不仅让他同老师的安危紧密相连，而且同整个法兰西民族的命运融合在了一起。在科学研究工作中，汪德昭一方面继续关注大气电学的深入研究，另一方面着意考虑当时法国在沦陷中的工艺或国防的需要。他还广泛涉猎当时物理学的几个前沿课题，并且都取得了不错的成绩。

1946年，著名艺术家潘玉良在法国为汪德昭雕像

从1940年到1956年，汪德昭所从事的科学研究工作主要有以下几个方面。

（一）证实了负光致效应确实存在

一般情况下，光的辐射压力作用在空气中的悬浮质点时，质点会沿着力的方向运动，这种现象被称作光致效应。负光致效应，是指悬浮质点在受到光的辐射压力时，质点会沿着力的相反方向运动。这种现象曾经引起爱因斯坦的重视。他在1939年7月10日写给朗之万的信中曾经提到："他[指荷兰物理学家埃伦费斯特（Ehrenfest）]观察到力作用到质点上所产生的有趣效应（例如光致效应，以及非均匀磁场不可理解的作用力），这些效应至今还不能解释。"

负光致效应到底存不存在？是不是由辐射压力引起的？1946年之

后，汪德昭决定用实验来正确解答这个问题。他设计了一个可以排除一切可能的外界干扰（包括电磁干扰）的高真空（达到 10^{-6} 毫米汞柱，即约 133×10^{-6} 帕斯卡）环境，在其中进行的实验结果证明，负光致效应确实存在，至于其原因是什么，还没有人给出正确的解释。当时，巴黎大学的著名光学专家、法国科学院院士 J. 卡巴纳教授看了汪德昭的实验演示之后，称赞说这“是一个重要的关键性的实验”。

（二）利用 β 射线控制纸张的厚度和照相干版的药膜厚度

20 世纪 40 年代初期，人工放射性是物理学中非常崭新的课题。汪德昭就是早期探索把人工放射性元素 β 射线应用于控制生产的科学家之一。他曾经试验应用 β 射线来控制生产纸张，尤其是印制纸币的纸张的厚度，效果很好。现代的印刷机上装有纸张厚度的放射线检测装置，应用的就是这个原理。

汪德昭还应用 β 射线来检测照相干版上涂敷的药膜的厚度，效果也很好。这项工作打破了一般人认为“照相干版不能被放射性物质照射”的误区，因为一般民用干版药膜的灵敏度较低，必须聚集一定的电子剂量（即须照射一定时间）后才能感光。用 β 射线来测量干版药膜的扫描时间很短，不会使药膜感光。不过，这种测量技术只适用于照相干版，不适用于检测现代普遍使用的照相软片。

（三）测出了二硫化碳液体吸收超声波的准确数据

1918 年，朗之万在世界上首次将压电晶体和发明不久的无线电高频线路相结合，从而产生了稳定的大功率的超声波。因此，在他的实验室里从事超声研究工作，具有十分有利的条件。当时，人们发现某些化学物质的液体对超声波吸收起反常作用，而各国科学家给出的吸收数据很不一致，因而导致发生了争论。例如，二硫化碳（分子式是 CS_2）就是其中的一种化学物质。为了测得准确的数据，汪德昭利用他在朗之万实验室的有利条件，采取各种措施排除干扰，寻到了比较精密的方法，测出了二硫化碳液体吸收超声波的比较准确的数据，解决了争论，被国际超声波工作者所引用。美国出版的《现代物理评论》（*Reviews of Modern Physics*）上也载文指出，汪德昭所测定的关于二硫化碳液体吸收超声波的数据，是“最可信的数据之一”。

第五章　尘封档案

一、读信两难

1947 年暮春时节，巴黎解放，经过两年多的努力，已经基本恢复了战前的景况。这里气候温和、景色宜人。巴黎圣母院、卢浮宫已经开放，供人们参观游览；埃菲尔铁塔和凯旋门附近更是游人如织；塞纳河上的游艇往来如梭，巴黎又恢复了战前的自由、浪漫。在街心花园和街道两旁，桃红柳绿，莺飞草长，色彩鲜艳的郁金香散发出浓郁的芳香。来自邻近国家的街头艺术家，奏起本民族的乐曲，更增加了巴黎作为国际大都市的无限情趣。

一天，汪德昭下班回到家里，妻子李惠年笑吟吟地走过来，一边像往常一样接过丈夫的大衣，一边告诉他："七姨来信了。"

汪德昭问："说了些什么？"

李惠年说："说她已经到了欧洲，很快就要来巴黎看我们。"

汪德昭一听也很高兴。他很熟悉这位七姨，她就是李惠年母亲韩俊华最小的妹妹韩权华。虽说是长辈，但韩权华只比李惠年大 4 岁，也是北京高等师范学校附属中学毕业的，而且两人都喜欢音乐，兴趣相投，所以从小就感情不错。只是 1933 年韩权华离开北平到美国留学以后，她们就再也没有见过面。如今听说不久就可以与她见面了，那个高兴劲就甭提了。

本来，“他乡遇故知”是我国古人所说的“人生四大喜事”之一，更何况是在远离祖国的异国他乡，而且要见的又是从小就熟悉的至亲呢！

汪德昭赶忙换好衣衫，展读来信，读着读着，不禁沉吟起来。

原来1933年韩权华到美国后，在离华盛顿不远的巴尔的摩市皮尔德音乐学院专攻音乐史。1937年抗日战争全面爆发后，中国政府停止了对留学生的官费供给。不得已，她只好到檀香山的一所华侨学校当教员。后来经人介绍，于1945年6月同国民党的高级将领卫立煌结了婚。信上说，这次她陪丈夫到欧美“考察”，才有机会来巴黎看望他们。

汪德昭对卫立煌这个名字并不陌生。往事如云，一种近乎本能的隔膜从他心底升起。他深深知道，经过五四运动的洗礼，他自己虽然没有直接投身反帝反封建的革命洪流，但他留学异国，却是明确受到科学救国目标的激励；当年赵世炎领导的中国少年学会，在他心底点燃的火焰，从来没有因为身处异国而暗淡下去。人在追溯逝去的岁月时，总会浮想联翩。面对此情此景，他突然想起了中国少年学会的同班同学张鹏和他的妹妹张挹兰。1927年，伟大的共产主义战士、革命先驱李大钊惨遭奉系军阀杀害时，张挹兰也同时献出了年轻的生命。

他清楚地记得，卫立煌行伍出身，骁勇善战，追随蒋介石多年，是其手下的得力干将，是剽悍的“反共先锋”。就在汪德昭出国的前一年——1932年6月，国民党第四次“围剿”苏区时，卫立煌还曾因攻占了红军在鄂豫皖革命根据地的军政中心金家寨而受到蒋介石的特殊表彰和奖励，蒋介石特地以卫立煌的名字在此地建立了一个立煌县，后来还授予他上将军衔。对于这样一个反共的姨父，一心追求进步的汪德昭感到十分为难：不接待吧，不合情理；热情接待吧，心中实在不情愿。他拿着信笺迟迟不语。

聪慧的李惠年，在一旁看出了丈夫的心思，便对他说：“等他来了之后，如果发现他继续坚决反共，我们就请他吃一顿饭了事，以后再也不理这门亲戚算了。你就不必为难了。”

汪德昭点头称是。

二、惊喜知返

不久，韩权华夫妇来到巴黎与汪德昭夫妇见了面。韩权华与李惠年系至亲，年龄相仿，专业相同，久别重逢，有着说不完的话，一吐为快。

1947年，汪德昭（右一）、李惠年（左二）、卫立煌（左一）、韩权华（右二）
在法国巴黎合影

与卫立煌交谈片刻后，汪德昭大为惊喜。因为卫立煌可能是从韩权华那里听说汪德昭是留法进步学生的领袖，所以，他们寒暄几句话后，卫立煌便问汪德昭："你认识不认识法国共产党？"接着，他不加掩饰地告诉汪德昭，他对蒋介石不满。汪德昭趁机利用各种新闻评论，大谈蒋介石的倒行逆施和日薄西山。"人世几回伤往事，山形依旧枕寒流。"

卫立煌听后顿时感到遇到了知己，慨然推心置腹起来。他谈到自己如何坚决抗日的往事，谈蒋介石对他的种种利用和排挤，并说这一次就是因为他有战功，受到美国人的表彰，遭到了蒋介石的嫉恨，他才被剥夺兵权，派遣"出洋考察"的。所谓考察，只不过是"放逐"的代名词而已。他对此感到十分愤慨。

汪德昭听了卫立煌的话，觉得应当争取他站在人民一边，便和他继续谈了下去。卫立煌告诉汪德昭，他们一行在法国参观之后，还要到瑞士、比利时、荷兰等国家参观。听说汪德昭的法语很好，而这几个国家都流行讲法语，所以想请他一起陪同，兼做翻译，以便更好地详谈。汪德昭觉得这是个好机会，可以做卫立煌的思想工作，便欣然同意了，成了卫立煌旅行的新伙伴。

在瑞士的西南部和法国东部的交界处，有一形状狭长、面积达500多平方千米的大湖，名叫莱芒湖，也叫日内瓦湖。湖水幽深（最深处310米），像面晶莹清澈的镜子，镶嵌在汝拉山脉的山麓。远处，环湖山峰终年积雪；近处，树木郁郁葱葱，绿油油的草坪一直铺到岸边。各色叫不出名字的野花竞相怒放。加上阳光明媚，天空碧蓝，更为这迷人的景色增添了几分诗意。难怪瑞士被人们称为“世界公园”，吸引众多旅游者前来游玩。

为了招待卫立煌这位中国的“贵宾”，瑞士政府特地为他包租了一艘游艇环湖游弋。当时正值初夏时节，风和日丽，万紫千红，碧波荡漾，游人极多。莱芒湖的风光让人留恋，但心事重重的卫立煌却无意观赏。他借口顶层甲板上的风太大，要回到下面有玻璃窗的船舱里去坐，留下随行人员娄参谋（国民政府国防部第二厅派来的，名为陪同实为监视卫立煌的军统特务）、许秘书等人在上面观赏景色。汪德昭陪他一起进了船舱。于是，两个人在安静的环境中进行了长时间的交谈，卫立煌向汪德昭介绍了自己的历史和思想变化过程。

三、湖中密谈

卫立煌，字俊如，1897年出生于安徽省合肥县城东十里的卫杨村。他的祖父是贫农，父亲和二哥二嫂相继病死，母亲哭瞎了眼。家贫无以为生，不足15岁的他，不得已响应招募，剪去辫子，到军政分府的队伍当了兵，为的是一个月能领取几块钱的军饷，胜于当个学徒。1915年，卫立煌在广州投入粤军当兵，被人推荐到孙中山先生身边当警卫战士。卫立煌经常为孙中山先生站岗，有机会听到孙中山先生讲三民主义的革命道理，留下了永远难忘的印象。1926年国民革命军北伐时，蒋介石兼任第一军军长，卫立煌是第一军第三师第九团的少校团长，成了蒋介石的部下。他因作战骁勇，屡立战功，是蒋介石手下的五员“虎将”之一（其他四人是刘峙、顾祝同、蒋鼎文、陈诚）。但因他没有进过黄埔军校，不能成为蒋介石的嫡系，因此，蒋介石除了打仗时会想到卫立煌外，平时并不把他当作自己的亲信而委以重任，反而对他处处提防，他成了蒋介石“嫡系中的杂牌”。

卫立煌本人虽然曾在反共“围剿”中很卖力，但对中国共产党提出的“全面抗日”的主张却非常赞成。1937年抗日战争全面爆发后，1938—1941年他在担任第二战区副司令长官期间，曾经访问过延安，受到了毛泽东主席的接见，曾几次与刘少奇、周恩来交谈。尤其是他在与中国工农红军总司令、当时担任第八集团军总司令的朱德的多次交谈中，因两人都是贫苦出身的军人，很谈得来，因而交往很深，谈得最多。卫立煌对朱德十分仰慕。卫立煌是1938年初第一次见到朱德的。他见这位闻名中外的英雄人物平易近人、谦虚朴素，与他以前接触过的那些“司令”“军长”等有着本质的区别，甚为惊讶。他了解到朱德出身贫寒，为了寻求救国救民之路，才投身革命。尽管后来当了师长、军长等，但是他为了探求救国真理，对高官厚禄不屑一顾，悉皆抛却，从中国一直找到法国、德国，才由周恩来介绍加入了中国共产党，从此踏上新民主主义的革命征程。卫立煌感到自己的经历与朱德有某些相似之处，但是朱德的思想境界之高，又是自己无法比拟的。

卫立煌通过这些交往和阅读进步书籍，以及吸收进步学生到自己身边工作，学到了许多共产党的思想和工作方法。譬如，做好群众工作，在军队里按新方式做好思想动员，倾听下级意见，等等。在国共合作的口号下，他对中共领导的第八集团军在粮秣、弹药上经常给予支持。卫立煌经过忻口战役等几次大的战斗，成了坚持华北抗战的名将。但因涉嫌亲共，被人告到蒋介石那里而被撤了职。直到1943年，当时中国通往外国的出海口都被日军占领，仅剩的一条滇缅公路也被日军截断，外援物资不能进来，抗战的条件越发艰难，蒋介石这才想起了卫立煌，任命他担任中国远征军的司令长官。卫立煌受命后，经过训练、准备等一系列工作，从1944年5月开始，他亲自率领中国远征军开始反攻，进入丛林作战，直到1945年1月拿下了畹町，才使得中国和海外的通道——中印公路（也叫史迪威公路）恢复通车。几千辆载重汽车满载着盟国的援华物资，从印度经缅甸接连驶来，场面蔚为壮观。卫立煌为中国的抗日战争又一次立下了卓著功勋！

这次，卫立煌满以为蒋介石会任命他为陆军总司令，谁知蒋介石却因为美国人对卫立煌的评价很高，接连举荐而生嫉恨，生怕将来卫立煌会取代自己的地位而不肯任命，仅任命卫立煌为陆军副总司令，总司令是蒋介石的心腹何应钦。卫立煌对此极为反感，大为震怒，迟迟不肯应命。蒋介石则让卫立煌赋闲了近两年，于1946年给了卫立煌一笔钱，让他赴欧美“考察”军事，实际上是“放逐”，让他远离国门，以免在国内碍事。

卫立煌通过全民族抗战初期与中国共产党的接触，思想发生了很大的变化，已经认识到中国共产党是真心抗日的，是得到人民真心拥护的，将来必定获胜；国民党已腐败透顶，不会有前途；他个人与国民党内当权派系的矛盾有增无减，因而很想与中国共产党联系，为中国人民做一些有益的实际工作。

卫立煌还对汪德昭说：“将来回国，蒋介石还是要用我的。”

卫立煌“九曲黄河万里沙”的军旅生涯，勾起了汪德昭心底对反动统治者的旧恨新憎，一半出于对亲戚遭遇的同情，一半出于爱国的正义，他满腔慷慨，脱口而出地问道：“那你能不能考虑起义呢？”

万万没有想到，卫立煌回答得非常干脆：“我决定那么干！”随后，他又急切地说：“现在感到难办的是，我的意见无法转达到延安方面去。”

卫立煌破釜沉舟，汪德昭恍然大悟：“啊！原来如此！怪不得一见面他就问我认识不认识法国共产党。原来他想通过我与中共方面联系。”汪德昭原本一介书生，哪有这等门路？可是面对国家、民族的命运选择，他意识到此时此刻无论如何也不能袖手旁观。于是他坦率地告诉卫立煌，国民党反动派很快就会垮台，但自己不是中共党员，与法共也无组织联系。但是鉴于卫先生能够站在进步立场上，与蒋介石反人民的行为决裂，自己深受感动，愿意试一试。于是，他们在船舱中商定，为了便于将来联系，不致被国民党特务发现，他们的电报往来将采用一种特殊的“密码”——用一本极平常的、中国人差不多家家都有的相同版本的中文书，以其中的页数、行数、字数，作为联络内容。

四、代电延安

回到巴黎之后，汪德昭思考着怎样才能把卫立煌的这个重要决定尽快通知给国内的中共方面。早在第二次世界大战之前，法国巴黎出版过一份中文报纸，专门报道国内的情况，宣传中国共产党的观点。这是旅法支部的党员办的。汪德昭是这份报纸的忠实读者，与两名主要负责人也都熟悉。可是战争期间，这两名负责人先后被盖世太保逮捕送往集中营，后来都遇难了，无法再找到其他的中共党员。显然，直接找中共党员这条路是行不通的，弄不好让国民党特务知道了还会误了卫立煌的大事。怎么办呢？去找法共党员？他的老师朗之万已于 1946 年 12 月逝世。据汪德昭所知，尽管当时法共已经拥有 200 多万名党员，在国内政坛上非常活跃，但是他们与中共的高级领导人当时还未建立直接的联系，也不好办。想来想去，他想到了当年自己曾救助过的免遭盖世太保毒手的法共党员、朗之万实验室的老同事尼可拉教授。此人在法国解放后回到巴黎，现在是法苏友好协会的重要成员。通过尼可拉教授，汪德昭与苏联驻法大使馆接上了头。当时苏联驻法大使正回国养病，一位不算年轻的参赞戈罗道夫接待了他。

尽管汪德昭在法国科技界的名气很大，但他毕竟不是共产党员，也完全没有从事过这类政治活动的经历和关系。当时正值第二次世界大战结束不久，各国各方面的情报人员很多，麇集巴黎，情况很复杂，而他所谈的又是这样一件非常机密的重大事件，为了避免上当，警惕性很高的苏联参赞一开始并没有马上答应帮助汪德昭，而是暗地里对他进行调查。可是，汪德昭并不知道这些。为了赶在卫立煌回到中国之前，能把他的这种愿望通知给中共方面，汪德昭便在每个星期四趁着苏联大使馆签发护照的时机，夹在排队的人群中进去找那位参赞催问。一连去了五次，那位参赞总是没有明确答复，弄得卫立煌整天坐立不安，汪德昭的心里更是火烧火燎。到第六次去苏联大使馆时，汪德昭真有些火了，他严肃地对这位总是用怀疑的目光打量他的戈罗道夫参赞说："这么重要的事情，拖了这么久，你们还决定不下来，今后如果产生严重的后果，你们可是要负责任的！"

这一激还真灵。苏联驻法大使馆果然加快了进度，在确认了汪德昭的可信程度之后，终于答应以代电的形式，帮助汪德昭和卫立煌同中国国内的有关方面联系。

汪德昭赶忙回到家中告诉卫立煌这一情况，卫立煌听后大喜，执笔写了一封代电，由汪德昭、韩权华译成外文。代电的内容大意是：①为了尽快地结束中国的内战，我决心站到人民一方，和有关方面进行军事的、政治的及其他一切合作；②……③顾及个人的环境，希望绝对保守秘密。代电写好之后，由汪德昭转递到苏联驻法大使馆，苏联驻法大使馆又设法将电文转给了当时在延安的中共中央方面。

代电发出不久，卫立煌就接到了蒋介石催他马上回国的电报。由于当时法国巴黎与中国之间没有直达航线，卫立煌一行先乘飞机到美国，再转日本，最后回到了中国上海，再到南京去见蒋介石。这时已是1947年的年底了。1948年1月，巴黎的有关报纸上登出了卫立煌出任中国东北“剿总”司令的消息。不久，汪德昭也接到了苏联驻法大使馆“请你来一下”的通知。汪德昭去了。这一次，苏联驻法大使馆的工作人员对他十分客气，那位参赞笑眯眯地取出了一份文件问汪德昭：“你的记忆力好吗？”汪德昭答：“一般。”他念了电文，请汪德昭记录。原来这是从苏联转来的中共中央给卫立煌的回电。电文大意是：信件已转到目的地，据革命权威人士的意见，将军应当自己选择并且利用当时的情况，做有利于革命的事情，假如是真心实意的话。

汪德昭得到这份回电，喜出望外。他向苏联参赞致谢后，赶快回到家中，找出那本中文古书，用他同卫立煌两人商定的“密码”，给在南京的卫立煌发了一封电报，告诉他代电的回电来了。当汪德昭到巴黎电报局派发电报时，电报员不肯接受这份全是数码的电报，因为这种全是数码的电报颇有“传递情报”的间谍嫌疑。汪德昭辩解说：“我是中国人，我们中国人的文字电报就是用数码表示的。”两人正在争执时，恰好电报局的负责人由此处经过，问清缘由后告诉电报员：“我了解，中国人的确使用数码电报，你就替他发了吧！”就这样，这份“密码”电报才得以越洋过洲，从巴黎传到了南京。

五、无悔抉择

这时，卫立煌已到沈阳就任东北“剿总”司令长官。汪德昭的电报发到南京卫的公馆，接电报的人谁都译不出来，以为是卫立煌家中的私事，只好把它转到沈阳给卫立煌本人。卫立煌按照约定的方法一下子就译出来了。内容大意是：“前次在巴黎发出的电报已经到达目的地，对方有回信，谓可以利用目前情况相机行事。”卫立煌一看心中有了数，十分高兴。他马上用密码致电巴黎，邀请汪德昭急速回国，到东北沈阳来帮助他工作。

接到卫立煌催自己回国的电报后，汪德昭的心情十分矛盾，思想斗争得很厉害：到底回不回国？

汪德昭是一位有成就的科学家。也因为取得的成就，他在法国国家科学研究中心已经由副研究员升为专任研究员、研究指导。这是外籍科学家在法国所能达到的最高科学职位。与此同时，他因为在石英拉丝技术上有绝活，被法国石英公司聘请为顾问。获得了“虞格”奖金后的1946年，他应英国文化协会（British Council）的邀请，以访问教授的身份，偕妻带子访问了战后的伦敦及其他城市。1947年底，他又因为设计了高灵敏度静电计和微量天平，受到伊蕾娜·约里奥-居里的赞扬，并被其领导的法国原子能委员会聘请为顾问。如果他愿意加入法国国籍，他可能还会得到更高的科学职位。当时有一位法国官方人士就曾经直言不讳地对汪德昭说过：“汪教授，你别走了，到我们这里来吧。只要你加入法国国籍，马上就可以给你一个更高的职位。”汪德昭笑了笑，幽默地说：“我即使加入了法国国籍，可是脸还是黄的。”

1946年，应英国文化协会邀请在英国访问，汪德昭（前排右二）与弗莱彻（Fletcher）教授（前排右一）交谈

法国的有关方面看准了汪德昭是一位有才干、能作出突出贡献的科学家，因此想方设法要把他留住。可是汪德昭牢牢记住自己“学好先进科技回去振兴祖国”的初衷，婉言谢绝了相关人士的好意。因为他太热爱自己的祖国了。

随着汪德昭在法国科技界声望的提高，他的工资待遇和物质生活条件，以及良好的科研环境和条件，的确是十分诱人的。有的人梦寐以求的不就是这些吗？对于某些意志不坚定的人来说，需要在祖国和革命事业与个人之间作出抉择时，它们甚至会成为自己采取决策行动的羁绊。可是汪德昭对这些都看得比较淡，因为他出身清贫，将金钱、物质等都看成是身外之物，不过多留恋。他出国之前又接受过一些革命者如赵世炎等的熏陶，特别是出国以后，在与法国人民并肩抗击纳粹德国法西斯侵略者的艰难岁月中，他耳闻目睹了像朗之万、梭罗蒙、约里奥-居里夫妇等一大批法国科技界的杰出人物，为了人民大众的自由和幸福，放弃了宝贵的科研时间，投身到火热斗争之中，甚至不惜献出自己的宝贵生命。这让他的内心受到很大震动。“一个真正的科学家不能把自己关在象牙塔中。他负有社会责任，应对人类和社会的进步尽自己的义务。”在血与火的事实面前，他又一次重温了1931年自己聆听过的朗之万先生的这句名言，并对它有了一种更深刻的理解。以前，他常常问自己：什么时候也能像他们那样，为自己祖国的解放事业尽一份绵薄之力？如今，卫立煌的电报，给他带来了一个为祖国的解放事业贡献力量的机会。他想，自己应当抓住这个机会。

不过，他还有一丝犹豫，有一些问题他还需要想清楚。他明白卫立煌电召他回国的意思：在准备进行战场起义的重要时刻，身边没有可靠的人帮着出主意不行。可是自己过去一直搞科学研究，只是一介书生，对军事斗争一窍不通；而且自己又不是中共党员，与中共党组织毫无联系，回去后究竟能起多大作用呢？还有一个让汪德昭更为困扰的问题：这次回去，虽说是帮助卫立煌谋划起义的事，可是，这是一件绝密的事，不能对任何人走漏丝毫风声，不然，就会人头落地，而且会贻误大事情。可是从表面上看，自己却是回国投奔卫立煌，到东北“剿总”去当个一官半职。这与自己过去一向坚持进步、反对反动统治的表现恰好南辕北辙，周围的人会怎么看待自己呢？大家会说：“你们看，汪德昭过去的进步表现都是假的，他还是想当官……”人言可畏，“舌头底下压杀人”。如果回去，自己冒着牺牲生命的危险不算，还要蒙受这么大的委屈。想到这里，汪德昭的心情许久不能平静。

然而，汪德昭毕竟是一位深明大义又意志坚强的人。他想起了不久以前在报纸上看到的第二次世界大战时期拍摄的一张照片：画面上，纳粹德国法西斯士兵正准备处决被他们逮捕的法国地下军战士。其中一名地下军战士在牺牲前，望着敌人的枪口，脸上露出平静的微笑。这微笑，充满了对敌人的蔑视和对胜利的信心。这激动人心的一幕深深地烙在了汪德昭的脑海中。汪德昭还想起了毛泽东主席不顾个人安危，于1945年8月亲自赴重庆与蒋介石谈判的事情。他想到，革命者大义凛然，视死如归，自己不过是一个普普通通的人，为祖国的解放事业献出生命，又算得了什么呢？正像匈牙利诗人裴多菲（Petöfi）所说的："生命诚可贵，爱情价更高；若为自由故，两者皆可抛。"革命者既然连死都不怕，又何必在乎别人不理解而使自己受些委屈呢？

想通了这些，汪德昭便痛下决心：回国！

当他把自己的决定告诉他的妻子时，李惠年又是怎么想的呢？她在旅法期间，在音乐研究方面涉猎很广，尤其是在中外古典歌曲和近代歌曲的内涵、特征和声乐教学方面造诣很深。尽管如此，为了让自己的丈夫有充足的时间从事已经开展的科学研究，她默默地承担了全家的生活重担，作出了自己事业上很大的牺牲。此时此刻，在他们辛苦建立起来的生活大厦面临生死存亡的关键时刻，她怎能安宁平静呢？何况她又是一位女艺术家！听了汪德昭的诉说，李惠年又一次对自己丈夫的决定表示充分理解。她想："世间不少奇男子，谁肯沙场万里行？"为了国家、人民的命运，自己的丈夫现在决心作出巨大的牺牲，自己更应当一如既往、义无反顾地给予他坚定的支持——伴随他一道回到战火纷飞的祖国。从这里，我们看到了李惠年和汪德昭一样，拥有一颗闪光的金灿灿的心。

六、深入"虎穴"

1948年4月，汪德昭以"回国为老母祝贺80岁大寿"为名，抱着"壮士一去兮不复还"的决心，毅然决然地辞去了法国国家科学研究中心和法国原子能委员会的本职及兼职的各种职务，退租已经居住了10多年的舒适住宅，变卖了所有值钱的家什，全家三口离开了巴黎。汪德昭在法国的同事们都对他的此举感到不可理解：为母亲祝寿只是短时间的事，向研究中心请一段时间的假，回去住些日子就可以了，何必要辞去工作、退掉住房甚至变卖家私呢？

他们哪里知道汪德昭的心思。汪德昭心中很明白，自己这次回国，必定是凶多吉少，很有可能就在东北战场上度过自己生命最后的时光。更重要的是，汪德昭是一位逻辑思维缜密的科学家，对待这次回国，他也像对待科学实验那样进行了缜密的思考。他认为，从另外一个角度看，自己这次应卫立煌之邀回国，如果不把在法国的一切名誉、地位和优厚的物质条件等都抛弃，也就是把自己的"后路"截断，就很有可能引起国民党特务的怀疑，觉得他去卫立煌那里工作并不是真心想为国民党干事情，而是另有其他目的。这样，弄不好就会贻误大事。所以，汪德昭必须破釜沉舟，在人们面前制造一种假象：表明自己愿意"为党国效力，虽赴汤蹈火在所不辞"。

汪德昭一家乘飞机离开巴黎，经香港回到上海，最后回到了北平。见到了阔别近十五载的双亲，自有一番畅叙离别之情的活动。父母见到了从未见面、已经 11 岁的孙子汪华，高兴得合不拢嘴。他们一家经过商量决定：李惠年带着汪华留在北平（李惠年应聘担任了当时国立北平艺术专科学校的教授，汪华准备在北平上学）。

1948 年，汪氏四兄弟与父母合影

（前排右起：母亲李静珍、父亲江雁秋，

后排右起：大哥汪德耀、汪德昭、四弟汪德宣、三弟汪德熙）

汪德昭则独自一人去沈阳。深明大义的李惠年深知丈夫去沈阳的意义重大，她没有阻挠，也没有多说什么，只是从心底里祝愿亲人能平安归来。

卫立煌在沈阳见到了汪德昭，非常高兴，马上任命汪德昭担任东北“剿总”的少将副秘书长兼办公厅主任，副秘书长是军内文职人员。按国民党军队的人事制度，这叫作“军属”，因为“军属”没有军籍，所以对他的任命不必经过南京政府的铨叙就可以上班，而且按少将级军人享受待遇。这两个职务都没有太多的具体事情可干，但是权力却不小，可以拆阅各地给卫立煌发来的信件、电报。一开始，“剿总”内的那些中青年军官见汪德昭这个旅居国外的留学生来，语言和生活习惯处处和他们这些职业军人丝毫没有共同之处，对汪德昭颇为歧视。后来闻知汪德昭是卫立煌夫人韩权华的亲外甥女婿，才没有人敢再说闲话。再到后来，卫立煌让汪德昭向“剿总”的军官们作报告，介绍原子能知识，大家才知道他是研究原子能的科学家，很是佩服，对他也就比较尊重了。

果然不出所料，卫立煌电召汪德昭回国到他身边工作，为的就是要汪德昭回来同中共联系，希望在关键时刻，由汪德昭直接出面接触中共方面的关系。卫立煌还考虑到，要在沈阳有所举动，展开同各个重要将领的联络也十分重要。在后一任务中，汪德昭被分派去对付的对象是廖耀湘。因为东北国民党军队中最精锐的兵力握在廖耀湘手中，装甲车都在廖耀湘的控制之下，有举足轻重之势。廖耀湘是黄埔军校六期毕业的，后来又到法国的圣西尔陆军军官学校（这所学校和美国的西点军校齐名）镀过金，学过一些使用新式武器的战略战术。汪德昭以留法知名科学家的身份往还廖耀湘，可以说是“天衣无缝”。在一系列的纵横捭阖斗争中，汪德昭了解到，廖耀湘对蒋介石非常忠心，不但在大庭广众之中闻听“委员长”“总统”就立正，就是两个人坐在沙发上随便闲谈，一听到“委员长”“总统”，他也会从沙发上猛然起立，皮鞋后跟碰在一起发出“咔咔”声，来一个立正。

卫立煌摸清了廖耀湘的底细之后，知道在当时东北战场要进行公开起义时机还不成熟。同时，人民解放军的攻势犹如秋风扫落叶，弄得卫立煌没了回旋余地。他在同汪德昭多次密商和会议之后，便决定顶着蒋介石的命令，迟迟不肯驰援锦州，借机造成有利于东北人民解放军的态势；并采取措施阻挠实施破坏沈阳的计划，保护了沈阳的许多重要工业设施和文物建筑，以此来践行自己在代电中的诺言。到 1948 年 10 月，国民党军在东北战败的形势已经分明。蒋介石见卫立煌快要成为解放军的俘虏了，他虽然并不在乎卫立煌的被俘、被杀，但因怕卫立煌被俘后投降，那样，他的面子上太不光彩，所以，他最后还是命令空军副司令王叔铭派飞机到沈阳把卫立煌接到葫芦岛。

1948 年 10 月 30 日下午 3 时，卫立煌乘最后一个航班的飞机离开沈阳。当时，国民党军队中众多的军官和眷属都想搭乘飞机离开，但机少人多，无法装下，人群拥挤，哭爹叫娘，机场秩序大乱。还是“剿总”参谋长赵家骧“足智多谋”，他煞有介事地宣布：“马上还有四架飞机来，大家不要着慌，不要拥挤。我现在宣布名单，哪些人乘第一架，哪些人乘第二架，哪些人乘第三、第四架，大家不要乱抢！”这才把局面稳住。即使这样，书生气十足的汪德昭连手提箱都挤丢了，也没有能挤上飞机。卫立煌在飞机上没有见到汪德昭，不准飞机关上舱门起飞，命令几个年轻力壮的卫兵把汪德昭从人群中找到，拥着送上飞机，才命令关上舱门起飞。

汪德昭的这样一段经历，在当时是不能走漏一点风声的。他从法国回到北平后，就连严济慈、钱三强等这样一些和他极熟悉的老朋友在内的知识界进步人士，都不理解他为什么要去东北。在这段经历中，汪德昭经受了一场严峻的考验——既帮助了中国人民的革命事业，又学会了承受委屈。当时他在写给朋友的信中曾经含蓄而又坚定地表示过：“我是配做朗之万的学生的！”

党和人民没有忘记汪德昭在解放事业的关键时刻作出的重要贡献。1986 年 1 月，中共中央办公厅秘书长罗青长同志特意给有关部门写信说：“汪德昭、李惠年同志是在解放战争关键时刻冒着很大危险，在巴黎与苏联驻法使馆接头，为卫立煌与我党取得联络。此事于 1947 年 7—8 月苏方经我东北局以绝密通报我中央。我当时在陕北中央前委，在周恩来副主席直接领导下主管过这一工作。对于汪德昭、李惠年同志的工龄，根据党的政策，建议从 1947 年算起。”

汪德昭在回忆自己这段富有传奇色彩的人生经历时，平静地说：“我那时虽然还没有共产党人那么高的觉悟，但也懂得应当以国家、人民的利益为重。我想任何一个有良知的、正直的科学家，一个热爱祖国的人，处在我那样的地位，都会这么做，是不去考虑个人安危的!”他还说：“如果我当时是中共党员并且懂得军事，说不定会给人民做出更多的事情。”汪德昭不断为社会主义祖国建功立业的渴望溢于言表。

第六章　重返巴黎

一、巴黎学生会会长

汪德昭随卫立煌飞到葫芦岛，后来又到了北平，不久就携带妻子李惠年、儿子汪华随卫立煌到了广州，住在爱群大厦。1948 年 11 月 2 日，沈阳解放，不久葫芦岛解放，紧接着东北全境解放。蒋介石于同年 11 月 26 日发布命令，把气都撒在了卫立煌身上："东北'剿总'司令卫立煌迟疑不决，坐失戎机，致失重镇，着即撤职查办。"在这种紧急情况下，卫立煌在爱群大厦指令他的小儿子卫道然到楼下问询处打听到香港的交通，准备到香港，以避开蒋介石特务的监视。不料他要去香港的消息还是被特务们知道了，并马上报告给了南京。就在卫道然询问的第二天，大约在傍晚的时候，爱群大厦突然被军警包围，卫立煌夫妇随即被带到机场，直飞南京。蒋介石准备把卫立煌干掉，杀鸡儆猴，同时推脱自己错误地强令廖耀湘攻打锦州的责任。

此时的汪德昭则应大哥汪德耀之约，到他担任校长的厦门大学去当了三个月的教授，教近代物理这门课程。

1949 年 1 月 1 日，毛泽东主席在代新华通讯社撰写的向全国人民发表的新年献词中，提出了"将革命进行到底"的口号，表达了彻底推翻蒋家王朝的决心。蒋介石只好宣布自己下野，于 1 月底由李宗仁任代总统，来替他承受罪过。蒋介石则躲到他的老家浙江奉化继续实行幕后操纵、指挥，妄图苟延残喘，维持统治。李宗仁当然不愿开罪于卫立煌，就把他放了。卫立煌经过和特务们的复杂斗争，到了香港，并电报厦门，请汪德昭到香港。

汪德昭正是在这样的历史背景下到达香港的。到香港以后，他遇到了好多科技界和中共方面的人士，如周太玄（我国老一代的生物学家）、乔冠华、张铁生等。张铁生代表在香港的中国共产党组织对汪德昭说："你是不是转告卫先生，请他写几封信派人送到内地，劝他的旧日部下举行起义？"汪德昭向卫立煌转达了中共方面的意见。但因当时香港的情况非常复杂，国民党特务为防止旧日的高级将领投向中国共产党，对他们整日监视乃至暗杀（已经暗杀了曾任陆军大学校长多年的杨杰）。因而为了卫立煌的安全，汪德昭没有在香港久留，便偕同妻子、儿子乘飞机重返法国巴黎。后来，汪德昭从报纸上读到了有些国民党的高级将领起义的报道，知道卫立煌的确写了信，也的确产生了作用。中国科学院干部局前副局长顾远程有这样几句话："我们之所以特别敬重汪老，是因为他不仅是一位杰出的科学家，对我国的科学建设事业有功，而且是一位为革命事业建立了大功的老革命领导。"这是对汪德昭很恰当的评价。

1949 年 4 月汪德昭重返巴黎后，仍旧在法国国家科学研究中心任职，担任研究指导，继续他在原子能等方面的研究工作。他这次回国历时将近一年，对国内的实际情况有了较深的了解：目睹了国民党的腐败，以及国民党统治区民不聊生的情况；又听说中共的一系列正确主张，以及中国共产党受到人民群众热烈拥护的情景，便经常给巴黎的中国留学生进行介绍。

1949 年 10 月 1 日中华人民共和国成立以后，法国政府在很长时间内仍同国民党当局保持着外交关系，中国留学生组织的巴黎学生会也由亲国民党的人把持，广大留学生对此十分不满。50 年代初期，根据留学生的要求，学生会举行改选。汪德昭的口才本来就好，从小就能发表演说，动员群众，加上这次回国又为他的演说增加了实际内容，因而改选时通过竞选，他被选为巴黎学生会的会长。从此，巴黎学生会在他的主持之下，办得有声有色。

二、巴黎升起五星红旗

巴黎学生会以“为同学谋福利”为宗旨，以留学生和华工（第一次世界大战前后去的）为对象开展工作，办了好多件为留学生和华工所称道的事：第一，开办了一个小饭馆，因这里的饭菜价格要比外面一般饭店的低得多，非常受留学生和华工的欢迎；第二，代买图书，可以代买各个书店的书，而且可以打折；第三，办了一个大的阅览室，陈列从国内寄来的书刊、报纸等，供人们阅览。

除了这几件事之外，巴黎学生会还成立了许多外围组织，如乐队、文学社、篮球队、合唱团等，把巴黎的中国留学生差不多都组织起来了。法国有许多华工，一些华工娶了法国妻子，生儿育女，这些子女虽然能说几句中国话，但是不认识也不会书写汉字，老华工们常为此着急。学生会针对这种情况，便办了一个“儿童识字班”，每天下午上课，教儿童们识字、拼音和唱歌，到下午 4 点钟还免费给儿童们提供一顿小点心。为儿童们教课的则是法国国立东方语言文化学院的一位爱国女教授李玮，她自愿来教孩子们，完全义务讲授。

在汪德昭的领导下，学生会每年开展的主要活动有四项：①办报；②迎国庆；③迎春节；④组织学习座谈会。

他们办的一份小报，取名《侨众》，专门刊登新华通讯社的有关新中国建设成就的消息。这份小报非常受留学生和华侨的欢迎。他们把小报寄给侨居在荷兰、瑞士、意大利、英国等国家的华侨，同样也受到了欢迎。办了一段时间后，《侨众》被巴黎市政当局取缔，停掉了。后来他们又将小报改名《侨联》，又重办了起来。办了一两年，又被停办了。于是他们再次改名为《侨讯》，继续办，得到了广大华侨的热烈欢迎。

学生会还经常组织青年科研人员聚会，宣传新中国的成就，鼓励大家回国，组织学习座谈会。此外，他们还源源不断地把法国和其他国家新的科学技术成果和有关的资料介绍给国内。汪德昭曾经帮助著名力学家吴仲华一家以及梅祖彦等许多爱国学者回到中国，在当时中法尚未建交的情况下，他被人称为“地下大使”。

不仅如此，在巴黎出现的第一面新中国的国旗——五星红旗，也是由学生会组织人缝制、悬挂起来的。他们本来早就想有一面新中国的国旗了，可是谁都没有见过。他们便买来一块红布，请来一位热心的法共大婶，按照国内来人所描述的大致的形状、尺寸，做成了一面五星红旗，虽说不太标准，但毕竟是远离祖国的人们在巴黎用自己的真心和真情亲手制作的第一面国旗。这面红旗大约长 5 米，宽 3 米。第一次亮相，是挂在为抗美援朝募捐的大会场上，几乎占满了一面墙，红得耀眼。

1950 年，美国侵略者从朝鲜打到中朝边境的鸭绿江边，一些好战分子叫嚣要打过鸭绿江，打到中国来。在这种形势下，10 月 25 日，中国人民志愿军雄赳赳、气昂昂地跨过鸭绿江，开始了“抗美援朝、保家卫国”的正义战争。近百年来一直遭受帝国主义列强侵略压迫的中国人民，这时举国上下同仇敌忾，纷纷参军的参军，捐献的捐献，一致支援中国人民志愿军打胜这一仗。捐献的消息传到法国巴黎，巴黎学生会也决定向留学生和华侨发起募捐活动。

汪德昭是这样记述这件事的：

> 英勇的中国人民志愿军在朝鲜阻止了美帝国主义者的血腥侵略，并取得了伟大的胜利。当祖国号召开展“抗美援朝、保家卫国”的捐献运动的时候，学生会就定了1951年7月15日为巴黎“响应祖国募捐运动日”。
>
> 凡是到场的同学，恐怕很难忘记那一天会场里所留下的深刻的印象：空气是那样地热烈，那样地悲壮激昂！多少人的热泪一滴滴流着，把每个人的爱国心弦共鸣起来，和战场上英勇的人民志愿军遥相呼应！
>
> 捐献开始了，很快就捐了将近25万法郎。在8月10日结束的时候，共捐献了53.218万法郎，又321美元，135荷盾……还有金戒指、珍珠戒指（是一位女同志祖传的家宝）、红宝石戒指、金镯子……

这些钱物中，有汪德昭捐献的自己一个月的工资，都转交给了中国人民志愿军。

汪德昭保存着一张珍贵的照片。照片上他身穿黑色西装，正挥动着手臂，慷慨激昂地向爱国侨胞和留学生们演讲。他身后的桌子上，放着一个募捐用的玻璃盒子，墙上就挂着那面鲜艳的五星红旗。

汪德昭在法国巴黎悬挂起的第一面五星红旗前演讲

1951年10月1日，汪德昭等举办了隆重的庆祝中华人民共和国成立两周年大型集会。在巴黎秋日的阳光下，鲜艳的五星红旗熠熠生辉。

三、巴黎的“春来茶馆”

尽管学生会在开展活动、团结巴黎的中国留学生等方面做得十分出色，但是因为那时法国尚未同新中国建交，而是同国民党当局保持有外交关系，因此，学生会的各项活动并不总是顺利的。汪德昭他们经历过许多次的斗争。当时在巴黎有一种风气，一些右翼的法国人士，往往趁夜深人静之际，在左翼进步书店的周围放置一枚塑料炸弹。有一个原本在中国四川传教的法籍苏姓的神甫因为反共，中华人民共和国成立后被驱逐回国。他回到巴黎以后，依旧坚持反共立场，同一伙国民党特务搅在一起。一天，一个中国饭馆的服务员匆匆跑来找汪德昭，告诉他说苏神甫刚才和国民党使馆的人员在饭馆吃饭，自己听见他们商量要在学生会周围用塑料炸弹炸一下，他怕学生会的人吃亏，所以赶紧跑来告诉一声。这位服务员的孩子就曾经上过学生会办的儿童识字班。

听到这个消息后，汪德昭马上召集学生会的有关人员紧急开会，研究对策。商量的对策是：第一，在学生会的大门口派两名年轻人站岗，检查进出人员的手提包。这两个人，一个是汪华，另一个是林希。两人都是十四五岁的少年，敢于打破情面，非常认真，不论是谁，都要经过检查，全部合格后才肯放行。第二，准备格斗。为了防备有人来破坏时可能会发生的格斗，所有学生会的会员平时虽然都温文尔雅，但这时都被要求准备一把弹簧刀或拉链锁作为武器，以防万一。也许是因为学生会有了准备，国民党特务的阴谋没有得逞。

即使保持高度警惕，还是防不胜防。一个星期天，少数亲国民党的华裔人趁大家休息的时候，把学生会的办公室、阅览室都捣毁了，钢琴也被砸坏，更可气的是，把墙上挂的孙中山的像也给撕了！屋里一片狼藉。汪德昭他们十分气愤，打电话向警察局报警，又请法共中央委员会机关报《人道报》（*L'Humanité*）披露了这一事件，引起了社会各界的强烈关注。在舆论的强大压力下，警察局不得不抓了几名肇事者。在巴黎的爱国华侨和留学生纷纷捐钱捐物，三天之后，学生会又恢复了正常，而且比被毁前更加活泼、庄严。

到了1952年的秋天，大概是国民党的某位要人到了巴黎，与法国内政部商量好了，于是由法国内政部发布命令，查封了巴黎学生会。为此，学生会发宣言，在报纸上刊登消息，并广泛散发传单，抗议法国政府的无理暴行。汪德昭他们还诉诸法律，向法院控告警察局的野蛮行径。这样做具体表明了大多数华侨拥护新中国的观点和立场，得到了许多法国国会议员和社会名人[如数学家雅克·哈达玛（Jacques Hadamard）等]来信支援。

学生会不能公开活动了，怎么办？大家商定，转而以隐蔽的方式进行活动，活动的地点就设在汪德昭的家中。1949年4月，汪德昭一家重返巴黎之后，没有继续在多来福街租房住。为了便于和法方高级科学家接触，他们搬进了巴黎14区嘎赞街面临巴克蒙梭街心花园的一栋漂亮的高层楼房。这座楼房的主人曾经是一个在非洲拥有大批矿产的大资本家，只因为家道中落，其子才不得不将房屋出租。汪德昭全家租住的第七层，号称"七重天"。室内装修得十分考究，除了几间住房和起居室外，还有一个宽敞、明亮的能容纳近百人听音乐会的大客厅。客厅里铺着厚厚的地毯，摆着沙发、钢琴，古色古香的家具雕刻着精美的花纹。这一层还配备有大卫生间，卫生间里的浴缸是游泳池式的，人在其中可以游泳！站在凉台上举目眺望，美丽的大花园尽收眼底。

自从学生会的活动转到汪德昭家里以后，汪德昭家中便人来人往，很是热闹，这引起了巴黎警察当局的注意。当时，巴黎警察局有一个专管中国留学生的警察，人很胖，他们为他起名叫“格罗”。他经常在汪家门口走来走去，有时还跑到家里来问长问短，总想找出点什么问题来好回去邀功。每次格罗来汪家，都由李惠年出面应酬，倒茶递烟，恭敬如宾，就像《沙家浜》“春来茶馆”中的阿庆嫂应付胡司令和刁参谋长那样。有时格罗来了，大家正在开会，于是人们在发言的最后总要讲两句法语：一句是中法友谊万岁，一句是中法人民友好。为的是让格罗听懂，知道他们这些人并没有做什么违反法国法律的事情。

星期日，汪家常聚集着一些中国学者，最常聚在一起的几位自称“八人合唱团”，有汪德昭和夫人李惠年，以及钱三强、周小燕、李风白、熊启渭、黄之平等。他们时而在李叔同的佛曲中体验“超凡脱俗”的静谧与悠远，以放松绷得过紧的神经，从而得以小憩。但是更多的时候，他们从《大刀进行曲》《游击队之歌》的雄壮旋律中汲取力量，鼓舞斗志。一次他们得到《义勇军进行曲》的词谱，便一同唱起：“起来，不愿做奴隶的人们，把我们的血肉筑成我们新的长城。”人人热血沸腾，曲终后，八人竟长久默默不语。他们向往着东方，向往着太阳升起的地方，那里有他们魂牵梦萦的祖国。

1956年，中国文化代表团访问法国，汪德昭设家宴欢迎（前排右二：冀朝鼎，右三：侯德榜；后排右二：汪德昭，右三：王雪涛，右四：郎毓秀）

时间过得真快，转眼到了1956年。这一年初，党中央召开了全国知识分子问题会议，周恩来总理作了重要报告；同年，党中央发出了“向科学进军”的号召，同时号召留学国外的科学家回国参加祖国的社会主义建设，并制定了《1956—1967年科学技术发展远景规划》。这些举措使得1956年成为新中国科学技术发展史上的第一个里程碑，具有十分重要的意义。

就在1956年前后，许多侨居国外多年的科学家纷纷回国，形成了一股强劲的潮流。本来早就想将自己的毕生所学贡献给祖国的汪德昭，这时再也不愿留在法国了，他下定决心，马上回国！

第七章　创立国防水声

一、响应周总理号召

中华人民共和国成立后，生产关系的大变革，极大地促进了生产力的发展，全国的经济建设如火如荼，新中国的形势一片大好，真正是欣欣向荣，蒸蒸日上。在1956年初的全国知识分子问题会议上，周恩来总理代表中共中央发出号召，欢迎留学国外的科技工作者回来参加祖国的社会主义建设。在这种形势下，早就想亲自投身祖国建设行列的汪德昭，托人带信回国，请求允许他回来。因为他曾经接到国内某些同学的建议，说领导希望他在国外多待一些时间，多学一些新技术，当新中国“向科学进军”的号角吹响的时候，他那颗科学强国之心就再也按捺不住了，欣然提笔疾书，请命早日回国参加社会主义建设。周恩来总理十分了解这位爱党、爱国的海外学者的心情。不久，汪德昭便收到同意他回国的回信。另外，还向他转告了周恩来总理的话：“凡是对人民作出贡献的人，人民永远不会忘记。”这更令他激动不已，没齿不忘。

1956年11月下旬，汪德昭一家为了尽快返回祖国，决心扔下钢琴和其他不便携带的物品，打算从法国取道瑞士，再从瑞士乘飞机回国。本来汪德昭归心似箭，恨不得一步跨回祖国，但到了真要离开巴黎的时候，他不禁又有些留恋起来。

临行的前夜，汪德昭站在住室的窗前，眺望着巴黎灯火辉煌的夜空，面对着熟悉的蒙梭街心花园，心潮起伏，思绪万千。回想23年前刚到巴黎时，自己还是个不满30岁的青年，恩师朗之万的指导有方，才使自己一步一步地从一个不懂科研的年轻人，成长为拥有一定成就并小有名气的科学家。在23年的漫长时间里，自己在科学的海洋里勤奋探索，孜孜以求，并写出了很多篇论文，其中大部分刊登在《法国科学院院报》和法国《物理学报》上，充分证明这些论文都是高水平高质量的论文。除了科研，他还毫无保留地为祖国、为法国的科学和社会进步，为中法两国人民的友谊，尽力做了自己能够做到的一切。如今，自己马上就要离开巴黎了，对这个成就了自己事业的地方，怎能不产生依依难舍之情呢？特别是许多法国好友，多年愉快地相处，真是难分难舍啊！

汪德昭环顾室内，大客厅里，他们夫妻曾经在这里举办过家庭音乐会，结交了不少朋友。这里也曾经是学生会会员们聚会的地方，很多人曾在这里畅谈理想，憧憬未来。再看摆设的各色家具，有好些是1949年他和李惠年一件一件添置的，如今因急于回国，不打算带走了。可是睹物伤情，都很让人心绪难平。不过他又想到，自己是回国参加建设，一切物品将来可以重新购买；并肩战斗过的朋友，将来也一定会有机会重逢，不必伤感。重要的是，自己终于可以回到梦绕魂牵、日思夜想的祖国了。而这，才是最重要的！

到了瑞士首都伯尔尼后，汪德昭一家找到了中华人民共和国驻瑞士大使馆，请求协助。冯铉大使热情接待了他们一家人，并为他们办理了签证、护照，准备了飞机票。因为冯大使临时到日内瓦办事，请汪德昭去帮忙，汪德昭只得延迟归期。等他们从日内瓦回来，才知道他们原计划搭乘的那个航班失事了，不少人遇难。为了保证汪德昭一家人的安全，冯大使坚决不同意汪德昭一家人乘飞机，而是让他们改乘火车回国。

于是，汪德昭一家登上火车，从伯尔尼出发，经维也纳、布拉格、柏林、华沙，进入苏联，经明斯克、莫斯科，再穿西伯利亚大草原，进入满洲里，踏上了祖国的大地。这一路，他们从温暖湿润的中欧出发，几乎横穿了整个欧洲。车过乌拉尔山之后，才到了亚洲，一望无垠的西伯利亚，那时已是零下30多摄氏度，天寒地冻。尽管列车急驰，但急于早日到达北京的汪德昭，却还是嫌它太慢，恨不得它能像飞机一样快。列车驶过贝加尔湖之后，对音乐研究有素的李惠年，望着车窗外急速后退的成排的白桦树和萧瑟萧飒的茫茫草原，伴着有节奏的车轮轰鸣，不禁轻声哼起了《在满洲里的山岗上》。

经过了九天九夜的长途跋涉，汪德昭一家终于到达了日夜思念的北京。当列车在前门火车站停稳之后，已经是1956年的12月中旬了。

回到北京不久，汪德昭度过了自己51岁的生日（12月20日）。一天，人民衷心爱戴的周恩来总理接见了他。周总理紧握着他的手，寒暄了几句后，亲切地问他："你见到俊如了没有？"汪德昭听了不禁一怔，俊如是卫立煌的字。原来，卫立煌于1955年3月15日离开隐居的香港后，摆脱监视他的国民党特务，经澳门回到了广州，并于当天发表了著名的《告台湾袍泽朋友书》，宣布自己效忠革命，投靠人民，与蒋介石彻底决裂，不久，就定居在北京。汪德昭虽然听说卫立煌已经回来了，但因自己刚回到北京，时间不长，还没有去见自己的这位姨父。如今周总理一问，汪德昭不禁为周总理对自己的了解以及对朋友的关心感到惊诧和感动。

汪德昭回国时，冯铉大使托他带给郭沫若一种新式助听器，于是他们全家去拜访了郭老。郭老问到汪华的名字，汪德昭如实告诉他说：汪华出生时，他的爷爷从北京给他起名"耆（祺）庆"，这个名字不易发音，外文也不好读。郭老可否给他另起个名字？郭老当即答复："我看不如叫汪华。"郭老这一举动可以说超越了个人家世，是鼓励青年向伟大的中华民族革命事业挺进的表示！这虽是一件具体而细微的生活琐事，但具有鲜明的时代特色。后来汪华也确实没有辜负郭老的殷切期望，始终全心全意为社会主义祖国奋斗不懈。有道是子承父志，在法国与新中国建交以后，汪华在中国驻法国大使馆工作，同样为发展中法两国人民的友谊作出了突出贡献，也和父亲一样荣获了法国荣誉军团军官级勋章。

又过了不久，当时中央负责领导科学技术工作的聂荣臻元帅在北京饭店会见了汪德昭。因为聂帅早年也曾留学法国，所以一见面就熟悉地谈起法国，问起朗之万，问起汪德昭的研究领域、工作情况和今后打算等。刚刚回国不久的汪德昭，对周围的一切都感到格外新鲜，领导人的亲切、平易，更让他觉得自己置身于一个温暖的大家庭中。他毫无拘束地向聂帅谈了自己的情况，并表示决心做祖国最需要的工作。

1957 年，汪德昭在书房工作

1957 年，汪德昭（右）与著名数学家熊庆来教授（左）谈话

当时，正在广招海外学子的中国科学院接纳了汪德昭，按照他归国前所从事的科研方向和科研水平，他被任命为中国科学院原子能研究所（以下简称原子能研究所）的一级研究员、第九研究室主任；又考虑到他曾经

研制成功精密科研仪器，还让他兼任中国科学院器材局局长。在1957年5月召开的中国科学院第二次学部委员大会上，汪德昭、吴文俊、张文裕、张宗燧、钱学森、郭永怀等科学家，被增选为中国科学院学部委员（后改称院士）。

二、毛泽东夜复张劲夫

1958年初夏的一天，汪德昭正在原子能研究所自己的实验室里忙碌着。他曾经担任法国原子能委员会顾问多年，非常熟悉法国的第一座原子能反应堆的情况，对发展我国自己的原子能事业充满了信心。突然，电话铃响了，助手过来告诉他："张劲夫副院长请您马上到院部去，有急事。"他立即脱下白大褂，匆匆赶到院部。这时正是"大跃进"刚刚开始的时候，院里正在开大会，张劲夫还在台上讲话，他讲到了要尽快地、有步骤地实施《1956—1967年科学技术发展远景规划》。党中央决定，立即采取若干紧急措施，在一些重要领域迎头赶上世界先进国家。

散会后，张劲夫副院长向汪德昭走过来，顾不上寒暄，便兴奋地告诉他："我国要发展自己的国防水声学了！你赶快准备一下，参加水声考察小组，到莫斯科去。"汪德昭听后点了点头，没有多说什么。

后来他才知道，原来是聂帅点将，点到了他。

国防水声是一项非常重要的国防尖端技术，但难度也很大。因为海水不像空气用电波、无线电来联络。海水联络靠什么？要靠声道。第二次世界大战期间，法国的朗之万教授交给汪德昭加大声呐的功率课题，就是专门用来对付潜水艇的。原来德国的潜水艇很猖狂，把英国"威尔士亲王"号航空母舰都打沉了。"威尔士亲王"号航空母舰为5万吨级，是英国最大的航空母舰。法国人首先发明了声呐，用声道探测潜水艇活动，能够探出去几海里[①]（几海里当时也起作用），一旦发现潜水艇，就发射鱼雷把它打掉。这样把德军潜水艇的嚣张气焰打下去了，保证了盟国美国军用物资运输船只的安全。

由于声呐的发明，大家都认识到海水中声道很重要。苏联曾把它看成

① 1海里=1852米。

与原子弹的“真空阀门”一样尖端、重要，对外严格保密，参加这项工作的人都要改名换姓，不许与外界有任何联系。

这个时候，苏联要与我们合作，主要是因为他们研究声道很困难，我国在南海有这个条件，他们需要利用我方资源来研究声道。那个时候美国潜水艇到我国舟山群岛活动，我们都侦察不出来。当时，中国科学院的科学家提出的目标是“上天、入地、下海。”“下海”，除了研究公海的资源利用外，主要就是为了搞声道，想办法找到海水的声道。当时的目标是，如果能找到海水的声道的话，那么几百千米外的外国潜水艇只要一出动，我们就能够及时发现。

当时，中国科学院的声学研究室是电子学研究所的一个研究室。电子学研究所所长是顾德欢，他原来是浙江省副省长，在浙江打游击时间很长，在青岛大学物理系读过书。他不愿意当副省长，想搞科研（王淦昌是浙江大学和青岛大学的教授，他们二人认识）。王淦昌就对时任中国科学院副院长的张劲夫说：“顾德欢要求到（中国）科学院来。”张劲夫当即表示欢迎，但这要浙江省委同意。江华当时是浙江省委第一书记，张劲夫对江华同志说了这件事。江华同志说：“不行，不行。他在四平山打过游击，代表一个方面，我要团结各方面的干部，不能让他走。”张劲夫又与谭震林商量，谭震林是中华人民共和国成立后浙江省第一任省委书记，张劲夫是中华人民共和国成立后杭州市第一任副市长，他们彼此很熟，谭震林很重视张劲夫的意见。张劲夫对谭震林说：“顾德欢想来（中国）科学院，要欢迎他来，他文化水平很高，向科学进军需要这样的人。江华不同意。”谭震林说：“我给江华同志讲，让他放人，这是好事。”谭震林一说，江华没有办法了。就这样，顾德欢同志来到了中国科学院。

在实施四大“紧急措施”（大力加紧发展计算机、无线电、电子学、半导体、自动化研究工作）筹备成立电子学研究所的时候，当时该所筹备委员会的主任是李强，他曾经在上海党的地下组织搞无线电台，懂得无线电常识，资格比较老。顾德欢人很谦虚，不在乎名利。李强是中国科学院的学部委员（后改称院士），党内要找几个人负责，李强当筹备委员会主任，顾德欢当副主任。李强因出任中国驻苏联大使馆商务参赞，负责156项工程设备的引进，顾不了电子学研究所的事，筹备任务完成，成立电子学研究所，他提出不挂空名，不担任所长。就这样，顾德欢当了电子学研究所的所长。

我国做声学研究最早的是马大猷院士，他是电子学研究所声学研究室主任，研究民用建筑声学。汪德昭从法国回来后，因为他跟朗之万做过声呐研究，所以直接将国防水声研究事宜交给了汪德昭。

不久，中国水声考察小组一行四人，在电子学研究所所长顾德欢的率领下，出发到苏联考察。成员除了汪德昭，还有王朋（当时属于海军第六研究所）和柳先（当时属于电子部的工程师），考察小组在苏联仔细参观、考察了苏联科学院的声学研究所，后来还到黑海边的苏联呼米水声试验站考察了有关水声学工作。

1958年，汪德昭（右一）等到苏联考察，从苏联呼米水声试验站回莫斯科，
在车站受到苏联科学家的欢迎

考察期间，汪德昭抓紧短暂机会，白天调查专业的延伸领域、学术上和应用上的目的对象、各类必需的研究设备和手段，以及国际上有关问题的研究进展情况。休闲时，则酝酿筹划回国后应开展的工作与今后的发展步骤。在专业内容方面，对一些创新点，他表现出极大的兴趣，但由于时间所限，他不拘泥于深入个别问题的具体分析方法，表现出着眼宏观、高屋建瓴的气概。

不料，苏联对国防水声表现出特别大的兴趣，向我国水声考察小组提出联合建立南海水声站的问题。他们派专家，而且所有设备由他们提供，和我们一块搞。考察组在出发前，张劲夫叮嘱顾德欢："对外关系，小事也是大事，要注意请示报告。有要紧事要跟我联系，不要随便答应人家。"并说："其他我不了解，但是，外事，小事也是大事。有时大事与小事很难区别，你要注意。"苏联要与我们合作建水声站，在海南岛附近深海进行，主要是用来对付军舰和潜水艇活动。

因此，顾德欢夜间打长途电话向张劲夫请示说："苏联提出和我们一块在我国搞南海水声站，他们派专家来，给我们提供设备，怎么办？"张劲夫警觉地说："你要注意，我请示党中央、毛主席，再答复你。"经过层层请示汇报，在夜间一个小时之内这个问题得以解决。张劲夫把毛主席的态度告诉了顾德欢，中央表态这个项目很重要，但是，只欢迎苏联援助，不能搞中苏合作，合作涉及我国的主权问题。也就是说，在我们这个地方要搞水声站是中国的，你们派专家来可以，运设备来，我们欢迎。

顾德欢向考察组成员汪德昭等传达了毛主席的指示，坚决按照中央精神答复了苏方。苏联同意了我们的条件。顾德欢回来后，张劲夫风趣地对他说："幸亏你告诉我呀，我们及时请示了毛主席。不然，你随便答复人家，和他们合作，你回来是要被开除党籍的，你要坐牢哇！"张劲夫深有感触地说："这是经验，对外交的事，可不能随随便便讲。要经过中央授权，没有授权是不能表态的。"后来，苏联派来了专家，带了一火车皮设备。再后来，我们自己在海南岛建立了水声站。

三、甘当"工作母机"

汪德昭回国后，虽说下定决心服从祖国的需要，去从事任何工作，但要他从自己熟悉的大气电学、原子能应用领域跳出来去专搞水声研究，他还没有做好充分的思想准备。他知道，水声学是声学的一个分支学科，专门研究声波在水中的辐射、传播、接收问题，主要和声呐（"水下雷达"）打交道，为防潜艇、反潜艇服务，与国防现代化关系密切。国防水声科研工作当时在我国还是个空白，要他这个年过半百的人去开创我国国防水声的局面，他既感到光荣和激动，同时也觉得肩头担子的沉重——一切从零开始，"白手起家"，从平地建立起我国国防水声的"研究大厦"，这真可以说是一项艰巨的系统工程。但不管怎么说，他意识到了自己此时此刻成了祖国最需要的人，仅凭这一点，就可以说是人生莫大的幸福了。更何况 20 世纪 30 年代末自己还曾同导师朗之万一起研究过加大水声换能器的功率问题并取得了成功呢！和其他人比起来，还不能说自己对水声完全陌生。于是，他愉快地接受了这个任务。从此，我国国防水声科学研究在他的精心组织和具体领导下起步。

汪德昭满怀豪情，准备大干一番。但是，到底怎么干？他面临两个选择。其中一个选择是，自己有深厚的物理学基础，又了解水声学的研究动向，可以选择一些水声学的前沿课题进行深入研究，力求在学术上有所建树，写出一些有分量的高水平论文。这样做的结果是，自己可以出“产品”，但是从国家的要求来看，应该还有另一个选择。

我国大陆海岸线北起鸭绿江口，南至北仑河口，长约 18 000 千米，是一个海洋大国。可是在我国，提起“海防”，给人们留下的印象是沉重的——有海无防。在祖国漫长的海岸线上，一百多年来，一代又一代的无数英雄儿女谱写了可歌可泣的抗敌悲歌。但是，新中国成立初期我国的海防仍旧是脆弱的。20 世纪 50 年代中期，美国的第七舰队和不知国籍的潜艇仍在我国东南沿海游弋、招摇。因此，在 1956 年制定的我国第一个科学技术发展远景规划中，周恩来、陈毅、聂荣臻等老一辈无产阶级革命家，对中国的国防水声研究的建立和发展给予了特别的关怀。

汪德昭这时还回想起，在巴黎时，他和留学生们经常一起讨论“回国后怎么干”的问题。大家比较一致的意见是，每个人回国后怎么干，要依各人的专业属于哪种情况而定。一种情况是，这类专业在国内已经有比较好的根基，如地质、动物、植物、矿产等，中华人民共和国成立以前就有许多人开展了工作。学习这些专业的人回国后，主要的应当是继续个人的专业，进行深入的研究，以获得诺贝尔奖作为自己的奋斗目标。还有另一种情况，有些专业国内还没有或者基础很薄弱，如原子能技术、计算机技术、导弹、氢弹等。学习这类专业的人回国以后，目标主要应当放在培养大批人才上，而不以自己个人的深入研究和得奖为主。一个人研究，不如培养一大批人研究，一大批人研究可以培养出骨干，从而取得千千万万的成果。

汪德昭这时还记起了他回国后听到的一个故事。20 世纪 50 年代初，著名科学家严济慈在位于沈阳的中国科学院东北分院工作。一次，郭沫若院长到东北视察后，想请严济慈到北京协助院部做科学组织工作。严济慈对郭沫若说“一个科学家离开了实验室，他的科学生命就完结了”，婉转地表达了他不愿去的意思。郭沫若笑着回答说：“你这话很对。可是，是一个人在实验室干好呢，还是动员千千万万的人干好呢？”一句话点醒了严济慈，他愉快地到院部从事科学组织工作，后来担任了中国科学院技术科学部的主任。

汪德昭想到这些，明白了国家要求于他的，并不是要他个人多出几项成果，多写几篇论文，而是要求他作为一台“工作母机”，培养训练出一支能够按照国家需要开展工作的、整齐的、高质量的水声科技队伍。于是，出于对国家的责任感，他毫不犹豫地选择了第二种——甘当“工作母机”。

汪德昭接受过中华优秀文化的系统教育，又在法国受到世界科学大师朗之万的指导和熏陶，并有机会同法国和其他国家诸多一流科学家接触，在科学研究方面积累了许多有益的经验。他的身上凝结着中西两种文化和文明之精华。回到祖国的汪德昭，在事业上表现出的一个突出特点就是：在开创我国国防水声事业上，真正是全身心地投入，其热情、认真、雷厉风行、忘我的精神，为大家所称道。在实践中，他结合我国国情提出四项任务：建机构、定战略、带队伍、定目标。这得到中国科学院领导的关怀和支持，四项任务得以顺利完成，推动了我国国防水声事业的健康发展。汪德昭用他的一颗爱国之心、科学强国之志，为创立我国国防水声事业建立了殊功，被尊称为我国水声科学技术的开拓者和奠基人。

在专业创建的最初几年，虽然工作千头万绪，十分繁忙，但他为了保证所有提交的研究结果的正确性，一贯坚持亲自审查每一篇科技报告和每一份实验总结。汪德昭以他的身教，带出了一支作风严谨、斗志顽强、不断地从一个胜利走向另一个胜利的我国水声专业科技队伍。

四、拔“青苗”

国防水声是近代新兴的综合性尖端科学，是当代诸强争夺占地球表面积 70%的海洋和保卫本国海防的重要手段。1956 年，我国国防水声学作为紧急重大项目，被列入我国《1956—1967 年科学技术发展远景规划》，在拟定的中苏 122 项重大科技合作项目中，中苏联合南海科学考察就是其中之一。

中国水声考察小组从苏联考察回来，已经是 1958 年的秋天了。考察小组回来汇报后，中国科学院党组向党中央写出报告：建议建立水声学研究队伍，尽快开展我国国防水声学研究工作。这得到党中央的批准。鉴于那年大学毕业生早已分配完毕，若再等第二年的毕业生，势必延误时机。报告建议立即从全国几所重点大学物理系的高年级学生中遴选品学兼优的提前毕业，分配到中国科学院参加水声研究。报告由聂荣臻送邓小平批示，并转呈毛泽东主席和周恩来总理。毛泽东主席亲自批准了这个报告。周总理同意抽调 100 名差半年至一年毕业的大学生，提前分配参加水声研究工作，边干边学。人们把这一措施形象地称为“拔青苗”。汪德昭这时也由原子能研究所调往电子学研究所任副所长兼七室（国防水声研究室）主任。

这 100 名“青苗”，刚来电子学研究所的时候，多数人并不知道水声是什么，有的人只是听说过“水声”，并没有弄清楚是哪两个字，还误以为抽调自己是要改行研究水生生物。在连教科书都没有的情况下，汪德昭组织人员翻译、编写启蒙教材，重译柏格曼（P. G. Bergmann）等的《水声学物理基础》（*Physics of Sound in The Sea*）和秋林的《声波在海水中传播的基本现象》两本教科书，帮助一大批水声工作者掌握了基础理论。在培训班上，汪德昭先讲了第一课，他讲水声，讲水声物理，讲水声技术，讲得深入浅出，非常清楚、形象和生动。汪德昭讲课时有一个习惯——把所讲的重点马上在黑板上用粉笔“框”起来，以便于学员们记录和理解。他的学生们至今仍清楚地记得，早在 20 世纪 50 年代末，在一个通风条件不太好的阶梯教室内，从法国返回祖国不久的汪德昭正在给一群刚到声学研究所的青年人授课，整整一个下午快过去了，汪先生的衬衣上也早已透出汗渍，离下课的时间已很近了。突然，汪先生话锋一转，谈到第一次世界大战末期以来世界各国都把水声看作一门高度机密的科学，从而限制了无数科研成果公开发表，使得一些国外学者大器晚成。汪先生要求当时很年轻的科技工作者要树雄心、立壮志，为中华人民共和国的水声事业作出自己的贡献。

汪德昭不图自己出名，而是甘当人梯，做培育人才的“工作母机”。他把自己从事科研的经验，归纳总结后传授给我国第一代水声科技工作者。这就是“标新立异，一丝不苟，奋力拼搏，亲自动手”。“标新立异”，指的是研究工作一定要有创造性，不论是理论、实验、技术方法还是工具，都应当是这样。“一丝不苟”，是指在实际工作中，要强调脚踏实地、严肃认真，一点也不能马虎。他在审查研究生的论文时，不但要看选题、立论、实验、方法等，就连论文的遣词造句甚至标点符号，也都认真修改。“奋力拼搏”，他的学生张仁和（后当选为中国科学院院士）至今还清楚地记得汪德昭给他看第一篇论文时的情景：为了学生进步，不顾自己治病。“亲自动手”，汪德昭特别重视实验技术，要求科研人员学会自己动手做实验。他言传身教，工作上懂得放手，只指出大方向，提出大题目，而后告诉他们去查阅某些有关的新文献和新理论，从不束缚他们的手脚。他经常讲老鹰捕兔的故事，引导学生在选题上动脑筋，下功夫。他说：你见过老鹰抓兔子吗？它在觅食的时候，总是先飞得高高的，在高空盘旋，用它那敏锐的目光搜寻猎物。等到发现了目标，就会如闪电般地猛扑下去，紧紧抓住不放。一个好的科学工作者就应当像老鹰捕兔那样，在开始工作之前，先要进行多方面的调查研究，寻找并思考自己工作的切入点。等到酝酿成熟，就要花大力气，紧紧围绕课题锲而不舍地做下去，这样才有可能做出好成绩。

他的教育和影响，造就了我国国防水声的灿烂群星，由他培养和带领的我国声学科技人才达到了近千名。

后来的实践证明，周总理同意抽调 100 名差半年至一年毕业的大学生，提前分配参加水声研究工作，边干边学，是一项非常英明的决策。时间隔得越久，越能显示出它的巨大作用。当年的 100 名“青苗”，如今大部分已成长为枝繁叶茂的大树，汪德昭的学生张仁和、侯朝焕、李启虎已经成长为中国科学院院士，其中更有相当数量的人已颇负国际学术声望，有的甚至被外国人称为“世界级专家”（world-class expert）。

五、南海升帐

汪德昭认为，除了让“青苗”们学习理论外，还应当让这些未来的水声研究人员了解我国水声的实际情况。在中国科学院和苏联科学院签署的合作协议中，由电子学研究所七室（国防水声研究室）与苏联科学院声学研究所协作，联合对我国南海进行水声科学考察。这一方面是为了摸清我国海洋水声的基本实际情况；另一方面通过实地出海考察，也可以培养我国自己的水声科研人员。这在我国与苏联的联合考察协议中都有明文规定。

1959年组织的中苏联合水声科学考察，目的是取得亚热带水声资料，建立我国水声科研基地，为我国国防建设服务。双方规定：中方提供考察船及后勤供应，苏方提供水声考察设备，双方共同分析和使用考察资料。

1959年前，苏联专家开出需要我方准备的仪器设备器材清单，汪德昭让李允武负责，而且指示他必须一件件亲自落实，否则就会耽误中苏联合考察，之后还多次检查落实情况。苏方的一火车车厢仪器自莫斯科运出后，鉴于在这之前观测日食的仪器曾运错地方的教训，汪德昭还交代李允武从满洲里或二连浩特直接押运仪器到广州，他自己则奉命一直坐在中华人民共和国铁道部的调度室里，直到仪器运到了西直门车站，他才放心。

这是一项开创性的事业，就我国当时的物质条件而言，在一年内要完成考察准备是很困难的。但是，由于海军和中国科学院的重视与支持，改装两艘考察船和建立声学研究所南海研究站（以下简称南海站），经过各方面上下齐心的努力奋斗，准备工作终于如期完成。海军下达任务给南海舰队，调拨一艘运输舰、一艘新造好的扫雷舰到黄埔船厂改装，并委托榆林基地协助声学研究所建立研究站。至于改装所需的电机、交流电电源设备，甲板起吊设备，通信器材实验用空心钢球，电缆等，则全靠声学研究所人员分赴各地采购。

在建站方面，要选好站址，要落实建筑材料。汪德昭等第一次去榆林选址，时值盛夏，真是“愁冲毒雾逢蛇草，畏落沙虫避燕泥”。如果没有为国防科研披荆斩棘的精神，真可谓寸步难行。在榆林基地的协助下，他们选定了基地内大东海以西的海边缓坡作为南海站的站址，又在大东海选定了建造专家招待所的地点。紧接着是委托设计，以及开山修路、房屋施工等。汪德昭在回忆这段历史时说：

这里我要特别提到的，就是我国水声事业的发展和聂总（聂荣臻）的关怀分不开，例如声学研究所南海榆林水声研究站，就是聂总关心的工作站，这个站确实起到过很大的作用，培养出很多优秀科技人才，有的已经是院士，有的成为国内外水声界的知名人士。可是当初建站时的生活十分艰苦，没有蔬菜，有一种蔬菜叫“无缝钢管”，嚼不烂，更苦的是没有油。那是一个鲁滨孙式的地方，没有任何科研机构，没有图书馆，没有卖仪器的地方。要买一个电阻也要跑到广州去。到海上去考察要有船，当时没有船，给聂总打报告，聂总就批了。南站的人出海去做实验，大家劲头足极了，都带个脸盆去，这是在船上防呕吐用的，有的人一边呕吐一边继续做实验，有的把胆汁都吐出来还继续记录，十分感人！那时在南站的同志们应该说是无名英雄！

1959 年 7 月，苏联科学院声学研究所水声室负责人苏哈列夫斯基带领 9 名科研人员到达广州进行水声仪器调试，试验中发现大功率发射机在高温高湿气候条件下无法正常工作。同志们急中生智，使用手榴弹作为非标准水下声源，在榆林海区进行了一次水声传播实验以检验其他电子仪器的使用情况。这是前哨性的，只进行了几次，时间不太长。汪德昭因不慎把腿摔坏了，没有参加这一次考察。最后，中苏双方商定，第二年 1 月正式开始联合水声科学考察。

1959 年 12 月下旬，24 名苏联专家抵京，旋即赴海南与先期到达的中方科研人员一起，于 1960 年 1 月 16 日开始了历时 85 天的联合水声科学考察，这是正式的考察，地点仍然在榆林港的外海。

这次考察共出海 74 个航次，几乎每天都有出海安排。苏联人对联合考察很重视，他们的声学研究所所长布列霍夫斯基、副所长马泽普夫、水声室负责人苏哈列夫斯基等，都曾先后到过海南岛。这次考察一共组织了几十次海上、岸边和码头试验。在最繁忙的 2 月，几乎是每隔两天就有一次出海活动。这一次汪德昭始终领导和参加了水声实验。为了全面掌握考察的进程，他除了事先与苏方共同拟订考察计划之外，还要求各研究组每天都要填写“科学考察活动日志”，内容包括：摘要记载每天执行的实验项目、内容、情况、参加人员等。这些日志的积累和统计，为这次考察活动保存了珍贵的记录，积累了宝贵的资料。

汪德昭并不满足于这些书面材料，每逢有重要的海上实验，他总是和年轻人一起上船出海，亲自考察实验的进展情况。一次与“声传播”课题组出海，遇到大风浪，600多吨的考察船在海上猛烈颠簸，船上的人晕船呕吐，他带头吃咸萝卜干以缓解呕吐感，最终战胜困难，完成了考察任务。在考察期间，汪德昭抓紧时间请苏联专家为我们的“青苗”讲课，并整理讲课内容，编成讲义，供大家学习参考之用。

大约是1960年3月初，汪德昭随同“混响”课题组出海做实验，考察船正要离开码头时，他看到从岸上朝海边走过来几个人，其中就有我们敬爱的周恩来总理。汪德昭快步跳上甲板，迎了上去。周总理询问考察情况，汪德昭向他作了简要的汇报。周总理心里明白，这将结束我国有海无防的历史，听了频频点头，脸上露出了满意的笑容。

至1960年4月初实验计划基本完成，苏联专家突然接到他们在北京的大使馆的通知，要求他们停止工作返回国内。汪德昭考虑到考察记录资料问题，那可是他们85天在海上千辛万苦得到的最宝贵的东西，万一对方把它拿走了，那后果就太严重了。于是他以最快的速度复制了一份，把原始的一份交给苏方带走了。此后，按协议应到莫斯科共同分析考察资料，汪德昭曾通过我国驻苏大使馆与苏方交涉有关执行协议事宜，均无回音，这说明他们已完全单方面撕毁了协议。

看到苏联对我国的技术封锁，汪德昭组织学生到保密室默记苏方的18篇报告，及时回京整理，内部出版。汪德昭还让学生把数据记一份下来，自己整理。后来汪德昭又嘱咐东海研究站（以下简称东海站）、北海研究站（以下简称北海站）在建站时打好基础，多做海上考察，每次考察都要做好计划、总结，并上报给他审阅。根据南海站、东海站、北海站三站海上考察资料，召开了“643会议”，从理论上加以总结，得到我国水声科学的第一批成果。我们中国人是有志气的，我们立足于自力更生，终于把国防水声事业扎扎实实地发展了起来。

从1960年10月开始，汪德昭组织这批青年科研人员花了半年时间，将这次考察记录整理出来，做了初步的分析，后来，编写了八大本水声考察报告（按原协议要到苏联去整理）。这成了我国第一批具体、翔实、内容丰富、水平较高的水声研究报告，由国家科学技术委员会出版。汪德昭还根据这些资料，计算了我国几种主要声呐的最佳频率，提供给海军设计使用；他还指出了我国南海海区若干特殊的水声情况；并指出在对敌作战时我国潜艇应采取的对策，供海军参考。

汪德昭后来谈到自己的体会时说：

> 培养人才是首要的，通过给任务、提要求，才能在长期实践中培育出优秀的科技人才。现在，我们仍然面临着人才问题需要解决，如何把水声的科研、设计、生产、使用这些部门有机地联系起来，全国一盘棋，使科研成果尽快地转化为生产力，这也是我们还没有解决好的一个问题，如果我们的横向合作，成果交流，这里首先指国内的，也包括国际的，做得更具体深入一些，我国的水声进展也许会更快一些。

六、确定国防水声发展战略

我国从 1958 年开始搞水声研究以来，在汪德昭的领导下经过几年的筹备、充实、提高，一个综合性的声学研究机构已经建立起来，除了水声部分外，还包括空气声和超声等领域的研究，根据上级指示以水声为重点。汪德昭运筹帷幄，在我国以往的空白处布了点，先后在南海、东海和北海各建立了一个水声科学研究站。声学研究更是朝气蓬勃地开展起来。水声学的基础设施和技术装备，如中国第一个大型水池、声学专用实验室，均已经完备，新生的科研力量已经形成队伍，群星灿烂，成果和论文不断涌现。1964 年 7 月 1 日，声学研究所正式成立。历史选择了汪德昭，59 岁的他被任命为声学研究所第一任所长。

经过深思熟虑，汪德昭提出并得到批准的我国国防水声发展战略是“由近及远，由浅入深，由高到低，有合有分”。“由近及远，由浅入深”，即先研究近海、浅海，后研究远海、深海。这是因为同世界其他海洋大国相比，我国位于欧亚大陆的东南方，这块古老的大陆多少亿年来都没有发生太大的地质结构运动，因此大陆架特别发育，因而我国周围的近海大多数是浅海。这在世界海洋大国中比较少见。浅海的特征是海底表面粗糙，声波在其中传播会发生折射、反射、散射等一系列情况，再加上鱼群和其他生物、非生物的参与，浅海的声信号的接收、处理变得非常复杂。国外在这方面可以借鉴的经验不多。所以，我国的水声研究必须先把近海、浅海的情况搞清楚，再走向远海、深海。“由高到低”是指在声频率方面，先搞高频，再搞低频。“有合有分”则是指在进行海上考察或试验某种装备时，既可以和我国各水声单位联合攻关，也可以独自进行。几十年来的实践证明，汪德昭提出的这一战略思想是行之有效的。

汪德昭为声学研究所定的目标是：创建一个能在世界声学研究领域处于领先地位的中国声学研究单位。用他自己的说法，是在世界声学研究这个“大合唱”中，我们中国至少要在几个方面处于“领唱”“指挥”的地位。他坚持这个信念，颇有不达目的不罢休的气势。以至于他的几位学生都说：“汪先生的事业心强，在（中国）科学院的研究所所长当中是少见的。”

1961 年初春的北京，天气还十分寒冷，三年经济困难时期给人们生活上带来的影响仍在继续着。那时从事脑力劳动的女性科研人员的粮食定量和广大普通市民一样，每月只有 26 斤半，其他副食（如油、盐）也限量供应。由于严寒刚过，就连普通的蔬菜也奇缺，肉、鱼、蛋更是看不见了。那时，徐克环刚从北京大学毕业不久，分配到电子学研究所第七研究室工作。像他们这些只有二十几岁的青年人，每月只靠二十几斤粮食生活，渐渐地，身体吃不消了。当时国务院总理周恩来以及中国科学院的领导也想尽办法，调拨大豆、胡萝卜等物品，分配给各研究所，以缓解科研人员蛋白质等营养摄入不足的状况。但毕竟人多物少，难以面面俱到。因此，时间一长，不少人患了水肿，徐克环就是其中之一。那时医务室的医生只需在水肿患者的小腿前方用手指按一下，就会出现一个深深的凹坑，患者感到无力，严重的眼前还会常常冒金星。为此领导都劝大家要劳逸结合，晚上不要看书工作了。三年经济困难并没有动摇汪德昭的意志，就在最艰难的 1961 年，他光荣地加入了中国共产党，实现了自己多年的愿望。

入党后，汪德昭更是自觉地严格要求自己，关心他人比关心自己还多。就在电子学研究所第七研究室徐克环同志查出患水肿之后的第二天，作为主任的汪德昭就知道了。隔天的早上刚刚上班不久，课题组组长来到徐克环的办公室，笑着对他说：“汪先生听说你浮肿了，特地把他家母鸡今年春天生的第一只鸡蛋，以及一瓶他亲手培养的小球藻（小球藻是一种有营养价值的绿色藻类）送给你吃，让你好好休息。”当徐克环从他手中接过一颗壳上还带着血迹的鸡蛋和一瓶碧绿清纯的小球藻时，眼泪情不自禁地流了下来，汪德昭慈父般的关怀让他感到无限的温暖和感动。

1961 年的汪德昭已是年过半百之人。作为一位在科学上已取得辉煌成就的科学家，在祖国最需要的时候，他毅然回国。为了填补我国水声事业的空白，为了建设我国强大的海军，他肩负重任，终日操劳。为了给我国水声事业的发展打下良好的基础，他亲自出国考察，亲自制定研究方向，亲自设定课题组，而且亲自给“青苗”讲课。对于这一批刚刚迈出大学校门的年轻人，他更是手把手地指导。尽管工作是那么忙碌，但他的精神却总是十分饱满，让人每听他一次讲课，就会感到受益匪浅，充满信心和活力。

1961 年，汪德昭（左二）、李惠年（左一）和郭永怀（右一）、李佩（右三）一家合影

谁也不相信他已是 50 多岁的人了。就是国家处于三年经济困难时期，在生活物资极度匮乏的情况下，他也从未叫过苦。相反，他总是那样乐观，同时又总是千方百计地关怀年轻人。把自己那一份不多的营养品让给年轻人，让给一个普普通通的科研新兵。鸡蛋虽小，但它却代表着一位德高望重的科学家对他所从事的科研事业的一片赤诚之心。

在当时，类似这样的事例还有很多。比如，有时汪德昭在下班前几分钟来到实验室，借口有一点什么小事，请几位年轻的科研人员下班后到他家去一下，他们每次去总能品尝到汪夫人——李惠年老师亲手做的美味点心。表面上他总是尽量做得让人感到他不是特意的，可事后回想起来，两位老师为了在困难时期多给年轻人一些关心和体贴，真是用心良苦！

凡是知道汪德昭的人，都知道他的事业是如此波澜壮阔，品德是如此光辉照人。作为他的学生，能在他身边工作，受到他的教益和关怀，都感到是自己一生的荣幸。

天有不测风云。声学研究所成立不到两年，1966 年我国就发生了“文化大革命”，汪德昭迎头赶超国际水声先进水平的目标还没有来得及实现，就被造反派作为“反动学术权威”关进了“牛棚”，破坏了我国国防水声学研究发展的大好局面。

第八章 “文化大革命”逆境

一、撼不动的大树

“哐当——”办公室的门被粗暴地撞开，进来一个戴红袖套的人，不大的眼睛恶狠狠地瞪着汪德昭，吼道：“你知罪吗？你对人民犯下滔天罪行，是一只狡猾的狐狸，一直隐藏在声学研究所。你要老老实实交代，和卫立煌在一起还有什么大阴谋，蒋介石给你什么任务？”那人在办公桌上丢下一张《敦促杜聿明等投降书》，说：“看看顽固不化的国民党干将杜聿明是怎样的下场吧！”

“我们的国家怎么了？”

汪德昭脸上写满疑问。一夜之间，人妖颠倒。“左”倾狂热席卷着1966年夏季的整个中国大地。

年过花甲的汪德昭突然成了“横扫”对象，查封、抄家、擦便池、学《敦促杜聿明等投降书》、批斗等成了“家常便饭”。空穴来风，罪名很多。这对汪德昭、李惠年二老伤害甚重。在接下来的那段凄风苦雨岁月里，便是“站不完的队，认不完的罪，写不完的检讨，流不完的泪”。一向旷达、豪放、拉得一手小提琴、嗓子也不错的汪德昭已判若两人：白日战战兢兢，夜里提心吊胆。每日回家脸色铁青，疲惫不堪。对家人、保姆虽作心平气和状，但语气明显低缓、沮丧，常是木然地蜷伏椅上，默默苦坐，眼望窗外茫然沉思。听到有敲门声（不管是查水、查电还是送煤的）便心惊肉跳，下意识地往门后躲，任由家里的郭阿姨出去应对。风声鹤唳，噤若寒蝉。郁结在心灵，有时也在家里发出“这是怎么搞的？我要告诉周总理！”这般呼号。

耳边轰然噪响。汪德昭一个寒噤，双眼翕然闭上。是的，猝不及防。怎么能这样？党和国家是知道我的历史的。

“毛主席和周总理知道我的历史。”

歌声，一直是汪德昭的梦和情。

歌声没有了，琴声没有了，汪德昭的住宅里，沉沉闷闷。

每天晚上，李惠年看见高大的丈夫坐在椅子上，长吁短叹地写检讨。有几次，他写着写着，轻声地哭了。

“怎么了？”李惠年赶紧跑过来劝慰，“想开些，这些别当回事，就算是一场游戏。”

“我检讨什么？莫非让我把心掏出来给他们看？”汪德昭情绪激动。

“他们是专门找你的茬，蚍蜉撼动不了大树的。”李惠年目光里闪烁着激动的火花。

气愤的汪德昭，在有着写不完的检讨的日子里，用拳头砸碎了桌上几块玻璃板。李惠年为丈夫的遭遇暗暗啜泣。那砸的岂是几块玻璃板啊，分明是混沌沉闷不见太阳的气氛啊！

残酷的现实像烙铁一样炙烤着汪德昭的心。每天回家，他脸色都是铁青的，身子疲乏不堪。一天回家，他的脸上似乎苍白失色，进了屋，朝床上一躺，什么话也没有。

李惠年不放心，问：“有什么事？”

他身上热血涌动，却沉默不语。

李惠年又追问一句：“有什么事吗？”

他忍不住了，愤怒迸发。

他声学研究所所长的职务被撤了。

声学研究所被解体了，一部分人留在中国科学院，研究水声部分的人被调到国家海洋局第五研究所，汪德昭被调到了该所。

一次新的冲击，让他全身的热血冷凝在头颅上。他大声问：“谁让这样干的？这是要毁掉我们国家的！”

该怎样形容我们祖国的科学家呢？祖国已成为他们撼不动的魂魄，科学已成为他们生命信念的红色火焰。

他们相信生命能被剥夺，信念不会死去；被剥夺的生命会在泥土里复萌，信念的火焰只能越烧越旺。

有人劝汪德昭退休。他立即拒绝：“周总理交给我的任务，我还没有完成，怎么能退休！水声科研是我的职责，我要一辈子死心塌地干下去！”

一次，我国设在某地的水下新技术装置发生了故障。这个装置本来是汪德昭和他的学生们的劳动成果，现在，他多么想到现场去参加检修工作啊！但是，他不能去。修复组的同志们要出发了，汪德昭找到科技处的彭汉民同志，从衣袋里掏出一元钱交给他。

交钱，为什么？彭汉民心头一愣，不知老所长是什么意思。

汪德昭笑了：“汉民啊，我去不了现场，可心想着现场，放心不下呀！修复情况怎么样，你就用这一元钱给我拍一封私人电报，通个消息。”

这就是汪德昭，一位心灵虔诚的老科学家！彭汉民感动得眼睛湿润了，心里说：“老所长啊，你虽不在其位，却还时时想着科学和国家啊！”他对汪德昭重重地点点头，接过了这一元钱。

他们约好了拍电报的暗语，如 001 型装置修好了，用“令姨康复”；如修不好，用“令姨梗塞”。

等待，等待是最煎熬的。汪德昭坐立不安地等待一封私人电报。

电报来了，“令姨康复”几个字一下子跃入他的眼帘。顿时，他心头上的一块石头落了地，吁了一口长气后，竟轻轻地哼起一首歌。

俗话说：“不怕没好事，就怕没好人。”后来，一位北京大学学子出于正义感不时将小圈子内的密谋报告汪家。再后来，便是周总理办公室写信给声学研究所，申斥那些想“主沉浮”的夺权者，没资格了解汪德昭的问题，“毛主席、周总理知道。”汪德昭才稍得安宁，被放出了“牛棚”，在群众监督下，整天做打扫厕所的工作。

二、春天般的温暖

在“文化大革命”期间，1967 年国防科工委要对“噪声测距声呐”项目进行论证。北海站的许祯镛提了一个方案。当时有几个很有实力的兄弟单位都在力争，大家都要为实现毛主席的号召“为了反对帝国主义的侵略，我们一定要建立强大的海军”作贡献。许祯镛对工程接触少些，信心不是很足。参会前，他向当时还“不得翻身”的汪德昭求教。汪德昭力主许祯镛将这一项目拿下，他对许祯镛说：“你的数学基础好，对噪声场有独到的见解，工程实践弱些，但是可以调动全所的技术力量分几大块干，条件是具备的。当年我在法国要数粒子，伤透了脑筋，搞成了。那时主要靠我自己一人。可你，有全所做后盾呢！”许祯镛听后坚定了信心。汪德昭同军队多年合作，他们对声学研究所还是很看重的。后来，几经较量，声学研究所终于争取到了这个项目，接着便是组织人攻关。在所部同志和总体负责人许祯镛的组织下，几大块工作进展不错。在短时间内研制出有125个阵元、长78米的舷侧阵。

料想不到的是，在“清理阶级队伍”运动中，许祯镛被赶出题目组，去给焊板子的清洗电阻。因为许祯镛的妻子、孩子原在农村，来站探亲有人不肯为他们报临时户口，弄得买米、买煤都成了问题，无法生活。1970年冬天的一个晚上，许祯镛从北海站来到汪家向汪德昭辞行，说自己准备离开中国科学院，回老家福建随便干点什么。汪德昭听后大吃一惊，苦苦劝说许祯镛留下来，不要走。汪德昭动情地说：“你的数理基础好，一定能搞成大课题。过去，李允武离开中国科学院我没能留住，至今想起来心里就不是滋味。你们要向远看，国家需要你们。你不要心胸窄，现在暂且忍一忍。至于生活困难，我们共同想办法解决。”那时，汪德昭还在挨批斗，家里被抄，银行的存款被冻结，工资扣发，自己的生活费也有限。为此，他和李惠年两位年过花甲的老人不得不辞退了保姆，自己料理家务。听了许祯镛的情况后，两位老人二话没说，当即凑出300元钱交给许祯镛，以解他的燃眉之急。室外的气温已是零下，可这时许祯镛的心里却是暖烘烘的。这个年逾不惑、在那样艰难的时刻也从未掉过眼泪的汉子，竟被汪德昭老两口这种热心肠、扶危济困的深情感动得仰面号啕起来，当即下定决心不走了。15年之后，许祯镛终于将其负责的“噪”项目搞成，通过了海上试验，噪声场论文登载在《中国科学》上，获了奖，他被提为室主任。在召开成果鉴定会时，许祯镛已躺在病床上下不来床。在获得中国科学院科技进步奖时，许祯镛已经去世。先后参加这个项目的中年早逝的科技骨干还有匡锡明、冯保显、刘学静、李国栋、高宗法等。

还是在“文化大革命”期间，汪德昭自己生活都非常困难，受到不公正的对待的时候，他仍然关心别人，关心自己学生们的健康和前途。声学研究所原所长李启虎深情地回忆说：“在‘文化大革命’中汪老没职没权的时候，一次我患重病住进朝阳医院，汪老和他的夫人乘公共汽车从中关村到医院探望，还以一位老科学家的身份找主治大夫请他们对我特别关照。”在李启虎因夫妻两地分居遇到新困难，准备调回老家工作的时候，汪德昭得到消息，硬是坐在李启虎的实验室里，说他一定想办法把李启虎的家属调到北京，要他留下来。李启虎不答应，汪德昭说什么也不走，直到李启虎打电话给老家说不走了，汪德昭才放心地离去。后来邓小平批给中国科学院400个进京指标，汪德昭真的帮助李启虎解决了夫妻团聚的问题。后来李启虎当选为中国科学院院士。

三、磨不灭的天性

1976年，中国科学技术大学的一位同志到南京和上海出差，回京时上海的一位同志托他给汪德昭捎一封信。4月2日晚，这位同志一到家，即去汪德昭的寓所。寒暄几句后，他便谈起出差途中的意外奇遇：在南京时恰逢“南京事件”。汪德昭、李惠年二老听得津津有味，乐得眼睛眯成一道缝。他们问他经过天安门没有。他说车经王府井，没过天安门。汪、李二老告诉他在北京，成千上万的人自发地去天安门悼念周总理，花山、诗海、人潮，动人极了。这几天晚上他们都去，还抄了好多诗词呢！说着说着，二老非常开心得意地掏出小本本，汪老念叨：“人民总理人民爱，人民总理爱人民。总理与人民同甘苦，人民和总理心连心。”正在汪老扶一下眼镜时，李老紧接着念：“欲悲闹鬼叫，我哭豺狼笑。洒泪祭雄杰，扬眉剑出鞘。”汪老念：“红心已结胜利果，碧血再开革命花。倘若魔怪喷毒火，自有擒妖打鬼人。”李老念：“总理回眸应笑慰，斩妖自有后来人。”二老争着念“斥赫秃”“斥粉面”“讨王莽”“打杀白骨精”，越念越来劲，也更激越，一发难收，放言极欢，字字句句心冶血铸，铿锵作声，他们也仿佛年轻了二十岁，犹如小孩过大年般快活。

此时汪德昭已年逾古稀，这种真情流露让我们看到了他忧国忧民、疾恶如仇的品格，令人折服。

熟识汪德昭的人无不佩服他那热情坦率、心态永远年轻的精神。更难得的是，“文化大革命”丝毫没有劫走他的爽朗个性，更没有动摇他的革命干劲。尽管汪德昭对待工作是严肃的、一丝不苟的，但在现实生活中，他却生性开朗豁达，幽默风趣，有时高兴起来，还会掏出几个“钢镚儿”来，表演“硬币穿木”的魔术。就是在“文化大革命”期间他被勒令打扫厕所时，他的意志也从未消沉。针对某些人不讲卫生的坏习惯，他在大便坑旁贴出了拉水箱的操作规程，又在小便池旁贴上纸条，上面写着“敬请垂直入射”！

把科学术语用在这种地方，让人看了忍俊不禁，不由得从心底里赞赏他的幽默。

第九章 重 整 旗 鼓

一、上书邓小平

“文化大革命”给声学研究所带来了三次体制上的变化：先是 1967 年划归国防科工委领导；继而是 1969 年改属海军司令部七院；最后是 1970 年，声学研究所被拆散——水声部分划归国家海洋局第五研究所，超声和电声部分并入中国科学院物理研究所。“文化大革命”之初，汪德昭被作为“反动学术权威”关进了“牛棚”，后来由于周恩来总理为他说了话，他才被解放出来，但仍在群众监督下“劳动改造”，既无职无权，也没有他说话的余地。眼看着一个好端端的声学研究所被拆散了，汪德昭的心在滴血。只是由于当时的气氛不对，不是他说话的时候，在这种非常的情况之下，一向敢说敢为的他，强迫自己保持沉默，等待适当的时机。

“文化大革命”结束，1977 年邓小平恢复工作。这年的 8 月 10 日，被压抑了十年的汪德昭，夜不能寐，他经过反复考虑，敏锐地觉察到时机已到，便鼓起勇气，彻夜疾书，给时任中央副主席的邓小平同志写了一封长信，请求邓小平帮助恢复声学研究所。8 月 24 日，信件通过胡耀邦面呈邓小平。

汪德昭在致邓小平副主席的长信中，讲了自己埋藏十年的心里话，他说：

我于1933年赴法（1927年北师大物理系毕业），在巴黎大学学习。我感到幸运的是，在声呐（水下声雷达）发明者、著名物理学家保罗·朗之万（Paul Langevin，法共产党员）的指导下，在朗之万实验室进行科学研究。1940年获得国家博士学位。1945年法国科学院对我的博士学位论文授予“虞格”奖金（Prix Hughes）。我在法国国家科学研究中心（CNRS）工作，历任助理研究员、研究员、专任研究员、研究指导。1956年，我积极响应周总理欢迎留学外国的科学工作者回国的号召，回到了离别二十多年的祖国。

我在外国就受到了党的培养和教育，参加了力所能及的革命工作，承担了组织上交给的任务。我的回国问题，直接受到了周总理的关怀。关于这方面的情况，中调部罗青长同志，中联部冯铉同志和财政部张劲夫同志都比较清楚。

我回到祖国后，受到党的亲切关怀。曾任中国科学院声学研究所所长、一级研究员、学部委员、历届人大代表，特别使我激动的是，1961年，我被光荣地批准加入了中国共产党。

伟大领袖和导师毛主席，敬爱的周总理以及您本人和老一辈的无产阶级革命家，对发展我国的科学事业极为关怀。早在周总理1956年主持制订我国十二年规划时，就注意到“水声学”，这门边缘尖端技术科学在我国还是空白（水声学是声学的一个分支，主要和声呐打交道，为防潜、反潜服务，和国防现代化关系密切）。当时就把水声学纳入“四大紧急措施”中的电子学规划内。1958年“大跃进”时代，聂荣臻同志推荐我参加“水声小组”到苏联考察。考察组组长为顾德欢同志（现任中国科学院电子学研究所所长）。考察结果由院党组向中央提出报告，建议加强我国水声研究工作。由于当时大学毕业生已分配完毕，无人可调，还建议“拔青苗”的措施。报告由聂荣臻同志并附专函转呈给您，由您亲笔批示“拟同意”，并转呈毛主席、周总理。毛主席亲自圈阅了文件。周总理同意了抽调差半年到一年毕业的100名大学生，立即参加水声研究工作，边干边学。这些同志，在党的亲切关怀下，经过近20年的锻炼，现在“青苗”已经长大成材，绝大多数已经开花结果，我国水声研究有了相当的进展。1964年正式组建中国科学院声学研究所，开展了声学领域，包括水声、超声、电声等多方面综合性声学研究工作，以水声为重点。全所600多人，并任命我为所长、党委成员。我国水声从无到有，从小到大，二十多年来有了相当的进展，取得了一定成就。现在全国已经有了一支初具规模的声学研究队伍。

……

毛主席1975年对海军有过两次指示。5月3日毛主席指示："海军要搞好，使敌人怕。"5月23日，毛主席对苏振华同志发展海军规划报告批示："同意。努力奋斗，十年达到目标。"最近，英明领袖华国锋也指示："要加强海军建设。"1977年7月5日，华主席又为海军题词："继承毛主席的遗志，为建设强大的海军而奋斗。"7月6日，叶副主席（叶剑英）也为海军题词："为了反对帝国主义从海上来的侵略，必须加快建设强大的海军。"为了落实毛主席、华主席和叶副主席的指示，尽快使海军现代化，重要的课题之一，就是必须使潜艇的耳目——声呐现代化。我们伟大的社会主义祖国，海岸线达18 000千米……为了防止敌人潜艇的侦察、骚扰和破坏，使敌人怕，水下就必须站岗放哨（即水下预警水声装置）。因此参加水声研究工作，就成为刻不容缓的事了。

声学事业的发展和其他任何事物一样，前进道路是不平坦的。在无产阶级文化大革命中，声学研究所的体制有过多次变动。1967年声学研究所划归国防科工委领导。1969年又有改动，划归海军司令部七院领导。在这两次体制变动中，声学研究所还是完整地保存着。1970年10月，林彪死党李作鹏竟擅自决定把声学研究所拆散，水声部分划归国家海洋局，其余超声、电声部分划归（中国）科学院物理研究所。这样，一个好端端的声学研究所就被拆得不像样子了。七年来的实践已经证明，声学研究日益削弱，发展速度减缓，水声学的发展，受到了挫折。

分析其原因，首先是学科不对口。海洋学和水声学并不是一码事：海洋学研究海洋的固有特点，属地学范围；水声学是声学的一个分支，研究声波在海水中的辐射、传播和接收的问题，它和其他声学分支密切联系，互相配合，组成一门内容十分丰富的近代声学学科，属于技术科学范围。海洋学和水声学有各自的基础理论，研究的内容和发展方向相去很远。事实上海洋局重点是搞海洋调查的（水文、气象等），水声重点是搞声呐（水下声雷达）的。正如气象局使用雷达，可是叫它领导一个“雷达研究所”就不一定恰当。同样，海洋局使用“水下声雷达”，可是由它领导一个“水下声雷达研究所”，也是不恰当的。

其次是概念有错误。海洋局规定研究所要以“水声物理”为主，定名为“海洋水声物理研究所”。认为“水声物理”就是“水声考察”，“水声考察”就是“海洋调查”。凡是搞过水声的都知道，这种概念是错误的，是缺乏水声起码的知识的。由于不对口，每年海洋局召开的计划会议，水声总是提不上日程。1976年、1977年，局里搞了两次规模较大的远洋考察，也根本没有水声的项目。

在这里，我向您简要报告一下国外的声学发展情况：近来国际上声学活动日益频繁，声学学科有了迅速的发展。美、苏、日都有庞大的声学队伍。英、法都有声学研究中心。意大利、匈牙利、波兰，乃至非洲、拉美一些国家，也都有声学研究机构。联合国教科文组织下设有“国际声学委员会”，每三年召开一次国际声学会议，规模宏大，出席千余人，论文七百篇。该组织已多次邀请我们参加学术交流活动。我国是一个有八亿人口的伟大的社会主义国家，由于林彪反革命集团和“四人帮”的破坏，至今我们还没有一个比较完整、具有相当规模的声学研究单位。这种状况，和我国社会主义建设的飞速发展是不相称的，对于加速四个现代化也是不利的。

为此，我作为一名党内科技工作者，郑重向您建议：立即恢复中国科学院声学研究所。即把划归海洋局的水声科技人员和物理研究所的声学科技人员重新合并，就可以恢复。归属问题，从事业发展角度考虑，应仍由中国科学院领导，以原声学研究所的设备为基础（设备仪器完好），所址不变（原中关村所址），必要时略加扩建。把分散的力量再集合起来，形成拳头，这样就可以形成一个有一定设备、有相当基础、九百多人的声学研究队伍（包括北海、东海、南海三个水声工作站），对声学基础理论起骨干作用，并为国民经济、国防研究项目服务，特别是为海军声呐现代化服务。不仅如此，对于赶超世界科学先进水平，参加国际学术交流活动，都有推动作用。

揪出“四人帮”，科研工作要大上。农业学大寨、工业学大庆的形势喜人，全国大跃进的局面正在形成。特别是十届三中全会的胜利召开，您出来主持工作，全国人民欢欣鼓舞，扬眉吐气！最近我又听了华主席关于明年召开全国科学大会的指示，您又亲自过问科研工作，心情十分激动！这是党对我们科学工作者最大的关怀，也是我们“向科学进军”最可靠的保证。我们许多科学工作者真是坐不住了！在这种形势下，我作为一名共产党人，有责任向您反映情况，写了这个报告。

最后，我个人有个请求：就是希望让我留在研究所工作，留在基层工作，恳请领导不要把我从科研第一线调到海洋局当副局长。

大致情况就是这样。1970年10月，水声部门划归海洋局后，成立了“水声物理研究所”。五年时间，我在所内没有任何职务。但1974年10月，我参加了该所的核心领导小组。1975年3月，我荣幸地被选为四届人大代表，海洋局填写我的职务为水声物理研究所“所长”，事实上，我们研究所的所长，局里已派来好几年了。1975年5月，局领导通知我，军委已任命我为副局长（海洋局提名）。我除了感谢党对我的信任和鼓励外，还申述了为了水声事业，我应该留在基层，请求不要从科研生产第一线上调，请领导重新予以考虑。最近，局领导又通知我必须上调任海洋局副局长。像我这样长期搞科研的人，不发挥我的专长，却要我承担我所不熟悉的副局长工作，对党是不利的。您在三中全会上的讲话，深深地教育了我：“……出来工作，可以有两种态度，一个是做官，一个是做点工作。我想，谁叫你当共产党人呢。”我一定遵循您的教导全心全意为人民服务。组织上对我的培养和重用，深为感激，但从祖国水声科研来说，我总感到还是让我踏踏实实做一点力所能及的工作，对党更有益。

我今年已经72岁了，但身体很好，精力充沛，每天仍可以工作十多个小时。我在周总理关于加强基础理论研究号召的鼓舞下，多年来，一直不间断地为水声科研工作。生命不息，战斗不止！我决心和我共同战斗了20年的战友们在一起，为在20世纪内实现我国科学技术现代化，贡献出我的全部力量！

在致邓小平的信中，汪德昭在阐述了水声学这门学科的性质、任务、作用和国际上的发展情况（由于水声与军事和战争现代化密切相关，国外都把它摆到特别受重视的地位）以后，以一个党内科学家的严肃态度郑重提出建议："立即恢复中国科学院声学研究所……把分散的力量再集合起来，形成拳头，这样就可以形成一个有一定设备、相当基础、九百多人的声学研究队伍（包括北海、东海、南海三个水声工作站），对声学基础理论起骨干作用，并为国民经济、国防研究项目服务，特别是为海军声呐现代化服务。"在信中，汪德昭还婉言辞谢了当时有关部门准备让他当国家海洋局副局长的任命，表达了一个大科学家"不愿当大官，只想搞研究"的心愿。

邓小平同志当即审阅，挥笔批示："我看颇有道理，请方毅同志研究处理。八月二十四日。"按照邓小平的批示，中国科学院和国家海洋局等都做了许多工作，重新将声学研究所分散的力量集中起来。完成了移交手续后，1979 年 1 月，召开了复所大会，实现了汪德昭的愿望。

二、披挂上阵"冲"深海

汪德昭的事业心极强，看准了就一抓到底毫不放松，直到做出成绩。这是他和其他所领导领导声学研究所取得科研成绩的一个重要原因。汪德昭口才很好，讲演风趣、机智，给大家留下了深刻的印象。他的法语和英语之好是人所共知的，有人问他学外语有什么窍门，他说了四个字："天天见面。"细细品味，言简意赅，真有点道理。人们喜欢用色、香、味来评价中国菜，他说三个字不够，还应加一个"声"字，即色、香、味、声。这说明他太热爱自己所从事的声学事业了，在任何场合都不忘宣传声学的重要性。

1978 年 8 月的一天，天气十分炎热，在声学研究所大楼 309 室内，气氛更加热烈。汪德昭领导的科研小组的几个年轻人正在聚精会神地讨论一个学术问题："如何从使用上证明海底反射声波能够形成很强的深海会聚区？"在此之前，人们只知道在几千米的深海声道中存在着很强的会聚区，而在一至两千米深的南海海域并不存在完整的声道，无论从理论上还是实验上，国外学者都未发现在这种条件下会出现会聚区。汪德昭仔细听了年轻人的分析与讨论，认为“这是一个十分大胆而合理的设想，不但具有重要学术意义，而且具有重大实用价值，应尽快予以实验证实”。

汪德昭早在20世纪60年代初就提出了“由近及远，由浅入深，由高到低，有合有分”的我国水声科研指导方针，经过他20多年的精心组织与培养，到1978年，我国已成长起一支高水平的水声科研队伍，在浅海声学研究方面颇有建树。这时他不失时机地抓住这个机会，向深海水声学进军。在讨论会上，汪德昭立即拍板成立深海实验领导小组，他亲自挂帅，并确定1978年11月进行海上试验。当时粉碎“四人帮”不久，声学研究所重新回到中国科学院，汪德昭重新担任所长，百废待兴之际，他立即投入科研第一线。在他的支持和指导下，声学研究所在不到三个月的时间里就完成了实验准备工作，深海考察组的成员于10月底到达海南榆林港做最后的准备和仪器调试工作。

再度出任声学研究所所长的汪德昭，目光直指海南岛南端的深海，准备进行我国有史以来的第一次深海水声实验。

汪德昭要亲自披挂上阵。

这次，李惠年阻挡了丈夫的行动，理由是：岁月不饶人，这把年纪了，怎能经得住迢迢千里的征途？怎能在无风三尺浪的南海深处颠簸？

汪德昭知道这是李惠年的爱，从她湿润的眼睛里能品味出别样的甘美。他一直珍惜夫人的这份爱，她的一言一行在他的心里都占有举足轻重的位置。可今天，他生硬地推翻了她的话，说：“你们谁也拦不住我，这次是非去不可的！”

李惠年心绪缭乱了，说道：“你怎么这样固执？”

汪德昭动感情了：“惠年，你知道我们为什么从法国千里迢迢回国，还不是为国家效力？‘四人帮’耽搁我们十几年时间，我们都七十几岁了。现在国家需要我们远征，我们就该抓紧时间远征。要知道，我们的时间不多了，为国家多出一点力就多一点贡献。如果这样让我待在家里，待在实验室里，我会被憋死的！”

说这话时，汪德昭眼睛里闪耀出热情的光芒，那坚强、勇敢、执着的态度，不容一丝怀疑。

火一般的语言，让李惠年无法回答。怎么办？怎么办？她想起了儿子、儿媳、孙子汪延，就说："那你看看儿子他们什么意见。"

1992 年夏，汪延回国休假期间与家人合影
（右一：汪德昭，右二：陈鸣明，右三：李惠年，左一：汪延）

家庭会议召开了，倾向老母亲的意见是百分之百的。可是，面对这样一位执着追求、铮铮如铁的父亲怎么办？儿子眼中的父亲满面红光，雄心勃勃。汪德昭对儿子和儿媳说："深海实验是周总理的嘱托，又是声学研究所回归（中国）科学院的第一次大实验，我怎么能不去呢？"

是啊，还有比儿子更理解自己父亲的吗？他是一只顽强的雄鹰，盯上的目标怎肯放松？尽管有可能阴云密布，还有可能雷鸣风雨。

儿子和儿媳对父亲松口了。

1978 年 11 月 4 日，汪德昭和声学研究所党委书记夏印一行从北京直飞海口，第二天乘长途汽车到达榆林。

当时已 73 岁高龄的汪德昭不顾长途跋涉的疲劳，当天下午就在南海站召开了出海动员会，他向全体实验人员讲明了这次实验的目的和意义，要求大家克服各种困难，取得高水平的成果。

1978年，在榆林召开首次南海深海水声实验动员大会

11月6日，大约是下午3点钟，汪德昭踏上了出海的实验船。两艘供做水声科学实验的舰船，载着声学研究所的几十名科研人员起锚出发，缓缓驶出海南岛南端的榆林港口，朝着预定的海域——西沙群岛东北海域驶去，准备进行我国有史以来的第一次深海水声实验。两艘实验船从榆林港起航，前往西沙群岛东北1700米深的海域，7日凌晨达到实验点，科研人员立即开始了紧张的实验仪器布设与调试。汪德昭要求参加实验的每一个人都要有具体的岗位，各尽其责。他自己编在第一录音组，与年轻人一起进行实验记录，亲自操作。开始时大家有些拘谨，但很快便打消了顾虑，因为他老人家虽在工作上严格要求，但平易近人又不失幽默风趣。

“声波”这个东西挺奇怪。在空气中，标准大气压下，0℃时，它的传播速度大约是331.36米/秒。温度每升高1℃，声速大约增加0.6米/秒。在水中，声波的传播速度大约是1500米/秒，其在空气中的好几倍。在钢铁中传播得更快，声速大约是5000米/秒！利用声波在水中传播得很快这个特性，人们设计了主动式的或者被动式的声波探测器——声呐，来探测在水中发声的或者不发声的物体（如鱼群、潜艇或者其他物体）的距离及方位等，一般可探测到几千米至十几千米之遥的水下物体。可是科学家们研究发现，深海中还存在一种“声道”。在声道里，声波的能量因受到限制，不会向四周散射，只沿着声道传播，因而增加了它的传播距离。所以，利用深海声道，就有可能使水声探测的距离增加到几千千米。这在实用中当然有着极其重要的战略意义。可是，为什么会这样呢？

在理论上，声学研究所的科学家抓住了“水声会聚效应”这个既重要而世界上又未能很好解决的问题，提出了“声场反转点会聚区”理论。这个理论能比较好地解释国外学者发表的声道实验结果和我国学者自己模拟的实验结果。他们据此预言：在我国的南海深海区域，由于海底对声波的反射，可以形成反转点会聚区。

但是，这个理论需要得到实验的验证。于是，当“科学的春天”来临之际，这些水声学家便斗志昂扬地出发了。

11 月的海南，风大浪高。驶离港口不久，天渐渐黑了下来。伴随着一弯新月和四级风的海况，两艘实验舰船行驶在南海海面上。开始的航行是相当平稳的，当离开浅海区进入深海区之后，排水量为 1300 吨的实验舰船明显地晃动起来。午夜时分，舰船到达预定海域，科研人员都忙着准备投入实验。这时天公不作美，开始狂风大作，船身就像摇篮一样，大幅度地摇摆起来。人们被摇得站不稳、立不牢，晕船的人员一个接着一个，人们开始呕吐，严重些的干脆躺在船舱角里起不来了。

率领这支由 33 名科技骨干组成的实验队伍的，正是声学研究所所长汪德昭。这年他已 73 岁，但仍然抱着对我国国防水声科研事业的满腔热忱，说服了家人的劝阻，坚持亲自出马，来完成我国有史以来第一次深海水声实验。当时，他也投入了紧张的实验准备工作中。他在每一台仪器前检查、调试，同时仍然坚持和操作的实验人员讨论，指导整个实验的进行。在实验过程中，已初步观测到会聚区现象，汪德昭和大家一样都非常振奋。由于风浪大，船又小，实验舰船摇摆幅度达 30 多度，许多人都晕船、呕吐，汪德昭不时到各实验岗位关照大家，工作人员都十分感动。

在以往的岁月里，汪德昭历来以不晕船在科研人员中享有盛名，有些人甚至认为他有在海上做实验的天生素质。其实哪里有这么回事！许多时候，只是意志力的作用，使他坚持挺住而已。可是这一次却与以往不同了。也许是由于年逾古稀、岁月不饶人了，也许是因为风浪太大，加上

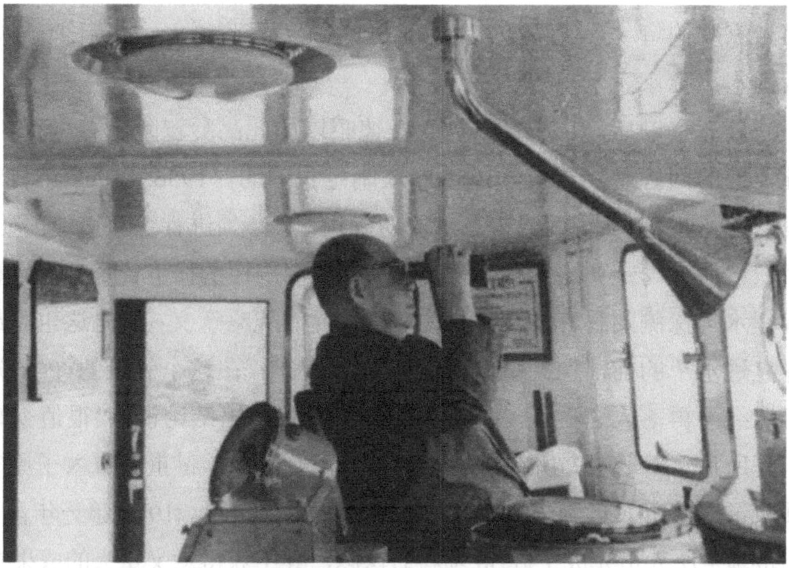

1978 年，汪德昭在考察船上

又有好多年没有出海的原因，总之，这一次汪德昭也呕吐了，而且吐得很厉害。然而他还是坚持着，不肯躺下休息。当大家发现他开始吐黄水时，为了他的健康和安全，同志们不得不连劝带强迫性地把他扶进了船长室休息。刚刚躺下，不料一个大浪重重地横拍在船身上，船身剧烈晃动起来，竟把体重近百公斤的汪德昭从床上抛向了空中，令他向桌子上冲去。眼看汪德昭的头部就要和铁桌的桌角相碰了，幸亏随行的陈秘书反应机敏，纵身一跃，挡在了他和桌子之间，双手抱住了他的身躯，才使他免于受伤。

就这样，他们克服了风大浪高带来的种种困难，在船上连续工作了三天三夜，终于胜利地按预定计划完成了任务。正当他们准备返航之际，谁知又出现了更意想不到的事故——一直欢叫的舰船发动机突然停止了喧闹，原来是船舵失灵，无法转向了。舰船在海上随风漂流起来，而且从方位上看，正在不偏不倚地朝与回程相反的西沙群岛漂去。一束紧急呼救的无线电波射向天空，坐镇岸上指挥的声学研究所党委书记夏印，立即与我国南海舰队司令部紧急联系，请他们派出救生舰艇救援，经过十几个小时的搜寻，实验舰船终于有惊无险地安全返回了港口。

这次深海实验，科研人员在海上总共度过了四天三夜。后来经过大量实验数据的分析，确切地证明了海底反射的声波能形成很强的会聚区。我国第一次深海实验非常成功。这一重要发现受到国内外同行的关注。美国水声专家罗伯特·J. 尤立克（Robert J. Urick）看到这一成果后十分钦佩，向我国水声学家表示祝贺。

回到北京以后，有人曾经提出，汪德昭以如此高龄冒险出海，值得吗？对此，他的回答是：第一，1956 年在制定我国的《1956—1967 年科学技术发展远景规划》时，周恩来总理曾明确指出，必须进行深海声道的研究。这个遗愿后人一定要去实现。第二，深海水声规律的研究，是实现远程和超远程水声探测的物理学基础，具有很重要的战略意义；同时这也是赶超世界先进水平的前沿课题。现在取得的成果表明，在这个领域的许多方面，我们已经不再落人之后了。所以，他笑着自我得出结论说："很值得！！！"

复所后，声学研究所在汪德昭的领导下，各个学科重新进入了原有的发展轨道。全所人员意气风发，忘我拼搏，成果累累。1979 年一年内，汪德昭带领全所人员完成了近 50 项科研课题，其中获得意义重大的成果有 14 项。1979 年的 12 月，声学研究所受到了国务院的通令嘉奖。嘉奖令上写道："中国科学院声学研究所在社会主义建设中成绩优异，特予嘉奖，此令。"

1979 年，汪德昭所长宣读国务院嘉奖令

三、提出"二十条"方略

汪德昭在"文化大革命"期间逆流而上，以一位我国国防水声学创始人的责任心，一直关注着国际水声学的新进展，就是在 1973 年身处逆境的时候，他仍然对国际水声学进行了认真系统的研究，并撰文指出：

国防水声学是声学的一个分支，是随着潜艇的出现而发展起来的学科。早在第一、第二次世界大战中，潜艇在海洋中的活动给水声学提出了迫切的课题。水声学研究的主要目的是防潜、反潜。战后，美、苏系统地总结了战时的经验，对水声学进行了大量的理论和实验研究。高速、深潜的核动力潜艇和水下导弹出现后，对水声学提出的要求就更高了。美、苏为了称霸世界，争夺海洋霸权，竞相发展海军。他们都利用水声学研究成果建立了自己的反潜体系。不少国家都投入了大量人力、物力进行水声物理和水声工程的研究。美国研究机构主要隶属于海军，水声物理与水声工程分属两个部门领导。苏联则由海军抓水声工程，（中国）科学院领导水声物理方面的研究。北大西洋公约组织的水声研究机构也发展很快，它们的特点是有全面性的规划和平衡机构，基础研究与应用研究互相促进。为了在深海中进行连续、大面积的准确测量，各国除了建造水面考察船外，还发展了竖立船、观测塔、深潜器等考察设备。

水声学是以声学为理论基础，吸收雷达技术、电子学、无线电技术、地球物理学等成就而形成的综合科学。信息论、计算技术和统计理论的应用又引起了水声的大变革。这些对水声的主要任务——“远”和“准”的问题的解决起了促进作用。多年来，水声物理在射线声学和简正波理论的基础上，对经典理论进行了深入细致的研究。目前的主要问题有浅海传播、低频吸收、分层海底传播、界面散射和目标的回波结构等。对水声物理中统计规律的研究已有很大进展。例如，从统计信道、时边网络的观点讨论传播介质的变易性，从而分析它对信号传播的影响。如前所述，信息论和统计理论对水声物理研究产生了巨大的影响，同时电子计算机和数据处理自动化设备又大大简化了实验的步骤，提高了实验的准确度，解决了许多过去难以计算和处理的理论与实验问题。水声物理实验技术方面的发展趋势是，由测量频峰值或平均值到测量信号的精细结构，以及它在频域和时间上的动态谱，由手控测量到自动化测量。

从第二次世界大战后到今天，水声设备的作用距离提高了约十倍，同时定位、测速、识别能力也有了很大的改进。水声设备的发展，是在水声物理研究的基础上，吸收其他科技领域中的新技术而实现的。正是水声物理的研究，才发现可以利用海底反射来克服跃层所形成的影区并指出向低频发展的方向。正是对声道进行了深入的研究，才提出了用会聚带来实现远距离探测。雷达中行之有效的技术和信号处理方法，如脉冲压缩和极性相关技术等，都迅速地应用到声呐技术中。

60年代声呐设备的改进工作的主要内容是：设备固态化、集成电路化；利用计算机进行检测、识别和射击指挥、导航的控制；提高目标识别能力；发展噪声测距装置和水面舰艇用噪声测向站。60年代除了上述的工程技术的改进外，还开展了信号处理多方面的基础研究，如自适应波束形成的研究、序贯检测、多途径信号处理、声全息等。声呐作用距离预报也受到重视。

水声换能器的研制是水声学的一个重要组成部分。60年代换能器领域里的发展主要有七个方面：（1）低频、大功率换能器的设计。需要提高功率-重量比和研究等效电路，并应用电子计算机以革新换能器的设计方法。（2）改进高效率压电陶瓷材料，研究如何提高机械强度，采用新的合理的结构，以解决低频、大功率带来的困难。（3）基阵的分析和控制。研制了大型基阵以供远距离水声传播研究用；提出了共形阵的研制。研究表明元件之间的相互作用是发射阵的基本课题。（4）深水换能器的研制。一般采用特殊材料或结构这两个途径来解决。（5）弯曲伸长换能器的研制。它的优点是尺寸小、频率低、功率高，而且耐冲击；缺点是易受外界反射的影响，安装的要求也高。（6）利用反铁电态的转换。这是60年代出现的新的换能原理，目前还停留在材料研制阶段。（7）利用非线性声学效应。用小尺寸的高频发射器可以得到方向性很尖的低频声束，它相当于电磁天线的端射阵。

1979年1月4日，汪德昭针对国际水声学的进展，在声学研究所全所大会上提出了发展我国水声学的工作方略，即“二十条”：

（1）今后全所的工作中心要转移到科研工作上去，抓课题，抓条件，以对四个现代化的贡献大小作为衡量科技人员的标准，一切工作都要围绕着四个现代化。

（2）今后的战略设想是：在国际声学舞台上，早日插上五星红旗，设想今年要召开全国第二届声学会议，争取在1982年左右，在北京召开分支性的国际会议。

（3）抓“五定”。主要是抓课题。课题应该是：外国没有解决的，最活跃、最尖端、最前沿、最有生气的课题，当然也要结合我国的实际情况。课题定后两年内必须有创造性的成果报告（新理论、新的测试方法、新技术、新仪器、新装备、新现象等），或阶段性的研究报告。属于技术性系统的要有工作报告。除任务外，课题可以自提。

（4）正副室主任由群众选举和组织任命相结合，任期为两年，由于工作需要，可以连任。

（5）今后全所的工作，要重视对国民经济发展有关的课题。军民结合，以民养军。

（6）（中国）科学院侧重理论，侧重提高，为国民经济服务，为国防建设服务。和工业部门有交叉的课题，声学所的方针是：看得远一点，走得前一点，搞得深一点，并以新理论、新技术为重点。

（7）关于提职工作，今后作为所内经常性的工作。有突出贡献，可随时提职。

（8）今后要搞成果奖，所里推荐，院里批准，反对平均主义。

（9）要搞研究所基金，用作添置仪器设备、集体福利和奖金，要奖励理论工作和工程技术两个方面，这里也包括二线人员。凡是组织纪律性好，工作积极的，不论一线二线都要奖励。

（10）今后收费的问题：对所外加工、仪器修理、水池测试、计算机使用、委托科研项目等等一律收费。

（11）要建立计算机应用研究室。今后，声学理论和实验，必须利用计算机，并和计算机技术密切联系。在这方面要花大气力做出样板。

（12）建立技术系统。包括：计量中心（包括技术室）、物资处、计算机研究室和工厂。暂由所务会议抓，以后由副所长抓。

（13）扩大声学所的学科范围，要互相渗透。例如：要增加特超声研究室、功率超声研究室、表面波研究室、计量中心和计算机研究室、次声地声研究室等等。

（14）全所一盘棋，科研工作由正副业务所长一起管，不能分家。

（15）加强所学术委员会，聘请所外专家任所学术委员。

（16）关于培养人才。今后，一方面派人出国进修，另一方面，对少量科技人员，允许脱产学习，同时所内要逐步系统开出若干课程，例如：计算机、应用数学、外语……经常性地进行学术交流，邀请国外专家做报告。

（17）所的情报图书工作要加强，要重视国内的情报工作。

（18）每周举行碰头会。

（19）从现在起，要考虑祖国统一以后，在台湾设置深海实验站。

（20）要安定团结，实事求是，理论联系实际，勇于创新，坚持群众路线，充分发扬民主，谦虚谨慎，踏踏实实把工作搞上去，为四个现代化作出贡献。

这一年，由于这个工作方略的实施，声学研究所各个方面的工作都取得了突出效果。

这一年，全所确定选题 87 个，按计划完成 81 个，完成率高达 93%；完成的科研成果 50 多项，其中重大成果 12 项；科研人员写出论文 320 篇，其中在全国性学术刊物上发表 40 篇，在全国性学术会议上交流 185 篇。

这一年，在发现培养、使用人才上也是很有成效的。经过考核提升副研究员 17 人、助理研究员 260 人，工程师 73 人、技术员 101 人，技师、馆员、会计师 50 人，基本上形成了一支开展科研工作的骨干队伍。

这一年举行所一级学术报告会达上百次，学术讲座 13 期。所党委重视在科研人员中发展党员，一年内吸收 23 名科研人员入党，占全所入党人数的 82%。

这一年，全所由 6 个研究室充实为 10 个。全所自制小型实验仪器 80 台。与所外 200 多个单位发生了业务联系。所里派往国外的学者及邀请来访的学者，分别为上年的 5 倍和 15 倍。

第十章 破浪前进

一、急刹“三股风”

声学研究所在“文化大革命”期间受尽了迫害、捣乱和拆散的苦头，“水声”分支学科，直到1979年才和“超声”“可听声”等分支学科“会师”，形成了“拳头”，重新归中国科学院领导。在院党组的领导下，声学研究所党委立刻进行了揭批林彪、“四人帮”和落实各方面政策的工作，形成了安定团结的科研局面。1979年又以“五定”为中心，把工作重点转移到科学研究上，取得了一批科研成果。但是，到了年末，汪德昭发现声学研究所的组织管理工作跟不上科学研究蓬勃发展的大好形势，于是，从1980年初，他和其他所领导一起认真抓了科学管理——确定了声学研究所三个系统的体制，调整了工作人员，制定了规章制度，建立了岗位责任制等，并把1980年定为“管理年”，采取了一些行之有效的措施。

（一）强化组织管理

首先，进行体制改革。党的十一届五中全会以后，为了贯彻邓小平同志“上下都要讲究工作效率”的指示，汪德昭领导声学研究所进行了一些尝试性的体制改革，除了党的工作以外，他们还把全所的工作分成三个系统，即科学研究系统、技术系统和行政系统，由四个副所长分工负责。老科学家副所长，着重抓学术领导和“传、帮、带”，一般不负责事务性工作。三个系统的日常工作，分别由科研处、技术处和办公室三个职能机构负责，由汪德昭统一指挥。

其次，建立岗位责任制。系统划分后，为了加强管理工作，他们抓了规章制度建设，强调了岗位责任制，讲求工作效率。室主任不准管事务性工作，职能部门有条件的要逐步做到“送货上门”。一些主要器材、办公用品、工资以及信件、报纸等，都做到了送货到研究室。医务工作服务到研究室和车间。岗位责任制的实行大大推进了物资部门和基建部门的工作。在冰天雪地中，基建部门抢盖了800平方米的仓库，为国家节约了几万元。财务部门5名女同志白天在办公室干，晚上还把账本带回家里算。

最后，星期二例会改为所长办公会。人多议而不决，决而不行，拖拖沓沓，解决不了问题。人少意见容易统一，大大提高了工作效率。

（二）加强思想政治工作

1980年，社会上刮起了“三股风”，即“千方百计出国风”、“脱产学外语风”和“一切向钱看风”。这“三股风”也刮到了声学研究所。汪德昭和所党委密切配合，加强思想政治工作，刹住了这“三股风”，保证了来之不易的安定团结的科研局面。针对“千方百计出国风”，他们教育员工对于国外的东西，要坚持“为我所用”的原则，提出“既不要夜郎自大，更不必妄自菲薄”。当然，这并不是说他们不积极让一些科研人员出国；恰恰相反，他们认为根据研究工作的需要，一些业务骨干到国外去看看是有好处的。事实上，一些国际性会议和学术性访问，他们都是会派业务骨干出去的。为此，明确在派人出国方面，严格从工作实际出发，坚持“五不派”：工作走不开的不派；没有明确学习目的的不派；没有现代化设备可以利用的不派；学不到先进东西的不派；本人不努力工作，没有做出成绩的不派。这样就有效地刹住了“千方百计出国风”。随着出国问题引发的“脱产学外语风”刮得相当大，针对“脱产学外语风”，所里负责学习的同志连续向所领导写了好几个报告，反映群众要求学习外语的呼声很高，因而要求立即开设各种语种的脱产学习班。但是这些报告汪德昭一个也没有同意。他公开宣布：第一，学外语不能和工作对立起来；第二，外语一定要学，所里开设外语班或稍占点别的时间，但不得占六分之五的科研时间；第三，反复讲学外语贵在坚持，反对三天打鱼两天晒网的态度。这样既保证了大家的学习机会，又不会影响工作，刹住了只学习外语不干工作之风。针对“一切向钱看风”，有一段时间，“向钱看”很影响从事理论研究和有关军工研究同志的情绪。因为他们不能承担应用任务，没有收入；相反，容易挣到钱的单位的工作热情越来越高。这是一种可能会打乱研究方向的冲击。汪德昭肯定了二室主任侯自强的做法：他一方面竭力宣传研究国防工程的重要性，要求大家为此作出贡献；另一方面又尽量组织一些通用项目，以防止一点收入也没有的局面。所领导积极支持并且提出，分钱与不分钱，由所里统一平衡，不能让搞理论的同志吃亏，更不应当为了几个钱而影响科研工作。所领导的明确表态，很快稳定了大家的情绪。从 1980 年声学研究所的科研成果的结构看，他们并没有受到“向钱看”的影响。这一年的八大类成果中，应用研究成果 23 项，基础、应用基础研究成果 25 项。这是正常的。从 1980 年的研究课题来看，也可以得出同样的结论。这一年全所全部课题 107 项，其中基础研究课题占 8%，应用基础研究课题占 55%，推广研究课题占 37%，这与历来的情况大体相同。

二、奋起直追

汪德昭承认，我国的科学技术水平与世界先进科学技术水平相比还有一定的距离。问题出在哪里呢？这是许多人思考的问题，也是汪德昭思考得最多的问题。他问自己：是我们中国人头脑不行吗？是科学思想不行吗？不是的，完全不是这样的。就拿美国来说，参加“阿波罗”计划的工程师、高级工程师中美籍华人就占了三分之一。比如钱三强同志，在法国时，他的老师伊蕾娜·约里奥-居里就公开讲，在我跟前的研究生最出类拔萃的就是中国人钱三强。这些都说明，中国人是很聪明的。既然这样，那么为什么我们和外国还有那么大的差距呢？

汪德昭到国外访问，非常留心进行比较研究，努力破解这个难题。他每到国外一个实验室，都细心观察，给他印象最深的就是微处理机和微计算机有很多，使用起来十分方便。他敏锐地发现，我国科学技术水平与发达国家有差距，当然有很多原因，但其中一个很重要的原因就是我们的一些装备赶不上外国。总的说来就是计算技术、计算机赶不上他们，特

1972年，汪德昭（左一）参加英国海洋会议，受到撒切尔夫人的接待

别是微处理机和微计算机方面。在法国南部一个叫格勒诺布尔的城市，其一个实验室小型的高档计算机和微处理机比人还多。这说明什么呢？汪德昭认为，这说明他们搞数据分析、控制或其他一些性能分析的条件要比我们有利得多，在这方面只要我们肯下决心，奋起直追，我国科学技术水平的提高速度会是很快的，要不然我国的科学技术水平与发达国家的差距将会越来越大。没有先进的处理工具，没有先进的仪器设备，想跟人家搞竞赛那是不行的。20世纪80年代初，汪德昭到法国出差，他用自己节省下来的差旅费，从法国带回一台微处理机，并把它用到声呐信号处理工作中，很快就改善了声呐信号处理设备，使声学研究所自60年代开始的以信号处理设备为核心的声呐新技术研究进入了一个新的发展阶段。

1978年末，党的十一届三中全会非常明确地提出了我党工作的重点要转移到经济建设上来。解放思想，开动脑筋，实事求是，团结一致向前看。这里关键的是实事求是，把过去那种瞎吹、不踏实的东西统统去掉。汪德昭领导声学研究所积极响应党的号召，全力以赴为“四化”（工业现代化、农业现代化、国防现代化、科学技术现代化）而拼搏。为此，他们制定的“二十条”中就有一条：要开展计算机在声学方面的应用，成立计算机应用研究室。为此，中国科学院计算技术研究所给以大力支持，有三位同志调到声学研究所，成立第十三研究室，即计算机在声学方面的应用研究室。这个研究室的成立，对于全所应用和普及微处理机与微计算机起到了很大的作用。汪德昭还向全所广泛宣传普及微机操作技术，同时对全所提出一个要求：搞科研的人员，在若干时间内如果还不会使用微处理机、计算机，那就是不合格的科研人员。它就好像是科研人员不会英文似的，怎么能算是合格的科研人员呢？不行的，那是不合格的。为了更好地应用和普及微处理机，声学研究所1980年即从国外引进TRS-80计算机，并着手开发应用，研制出中国第一台微处理机。可以说，在微计算机应用方面，声学研究所走在了国内同行的前列。汪德昭还领导声学研究所负责编辑全国性的期刊《微计算机应用》，这个刊物不但促进了声学研究所的微机应用工作，而且其他单位的同志也反映对他们有帮助，对他们学习微计算机技术起到了积极作用。李启虎院士参加编辑的《计算机图形学》，还被列入了国家教育委员会计算机教学的教材。

声学研究所还鼓励各研究室尽可能地结合课题应用微处理机。用法大致可分为五类：第一类把微处理机作为控制来用。比如第七研究室搞声的表面波器件，他们要搞离子束刻槽，精度要求很高，就用微处理机来控制，结果刻出来的效果非常好。第二类是制作数据采集器。声学研究所有好几个研究室利用微处理机制作不同要求的数据采集器，如第一、第二、第十一、第十三室。通过采集器，收集和捕捉各种声信号，以便于用计算机处理和分析。有一些实验，没有数据采集器是无法进行的。第三类是信号处理，如语言识别谱分析、声码器等。第四类是数据处理。例如声学靶，把换能器接收到的信号经过运算处理后，子弹在靶上的位置就能准确地显示在荧光屏上，而不用人跑到靶跟前去查看命中率。第五类是行政器材管理。所内主要仪器设备，由微计算机管理起来，比如想知道所里照相机的状况，只要按一下，相关信息立刻可以打印出来，什么型号的有多少台、一室有几台、二室有几台、目前使用状况如何等，都清清楚楚。

使用微处理机对声学研究所的研究工作主要起了以下三方面的作用。

第一，用微处理机和微计算机做了过去想做而不能做的工作。这一点是相当明显的。例如高频内波实验，它的温度链一长串有上百个温度传感器，要同时把温度都记录下来，在过去是不可能的，但利用微处理机就可以。又如过去采集多路信号没有什么办法，现在应用微处理机就可以采集。

第二，加速科研进程，提高了精度，加快了速度。例如内波实验数据处理，过去做一次实验回来后，五六个人用一年多的时间还不能把实验数据完全处理完，而现在，同样一次实验，甚至数据比原来还要多，用微处理机来处理数据，只要两个月就完成了，精度大大提高。

第三，打破了国外的技术封锁。过去声学研究所由于任务需要，迫切需要一台快速傅里叶变换（FFT）分析仪，那时候他们向美国、丹麦以及北欧的其他一些国家购买，人家的回答是不卖。你不卖，那我们就自己干，结果他们用了两年时间，1978 年由声学研究所和天津电子仪器厂合作研制出来了。但这还不是很好的，用的是小规模集成电路，体积大，速度不是很快，做 1024 点的 FFT 耗时 50 毫秒，成本也较高。现在新型的位片式微处理器高速 FFT 已经做成。它的体积小，耗时由原来的 50 毫秒提高到 5 毫秒。像这样的 5 毫秒 的 FFT，当时西方国家对我们是绝对禁运的。这台 FFT 是一个实时的、高速的信号处理设备。用它作为信号处理单元，像积木似的多个组合构成组合高速信号处理机，吞吐量可达 10^8—10^9 次/秒。

1984 年，美国著名水声学家 W. 蒙克（左一）参观声学研究所

总的来说，在声学研究所微处理机应用得很好，大家充分尝到了微处理机的甜头。正因为这样，当时声学研究所的研究工作比过去没有使用微处理机时提高了一个数量级，有较多研究工作与国外的研究工作的差距在不断缩小，有的已步入了先进行列，有的甚至还稍微超过了一点。那时，声学研究所来了一位美国的访问专家名叫尤立克，他是水声方面的知名专

家，声学研究所有人称他为“超级专家”，他在美国干了几十年的水声工作，发表这方面的文章近200篇，所以一提到他的名字，凡是搞水声的都是很敬佩的。他到声学研究所可能有这样一种心理：认为中国人对于这方面大概是不太知道的，所以准备给大家作的报告内容都不是很深的。在他作完第一次报告后，汪德昭带领科研人员和他座谈，并把自己研究所的论文给他看，同时请他也看看声学研究所的研究室。这一看，哎呀！他的想法改变了。第二次报告就比第一次的内容深入多了。原来准备讲的海底、混响、发射等内容，他主动取消了。声学研究所的一些研究工作让他很吃惊。比如有一项深海研究工作叫深海会聚区，在过去的水声理论中，认为只有在深海的声道里面才能有会聚区，其他的地方是不可能有的。可是声学研究所的尚尔昌等同志在最初的理论上加以分析，发现不仅是声道有会聚区，深海海底反射上去也有会聚区。通过实验证明确实如此，实验数据和理论计算完全符合，这项工作在国际上还是第一次做出来。当和这位“超级专家”谈到这个问题时，他说：“我只知道声道里可以有会聚区，海底会有不太相信。”汪德昭便带他去看声学研究所的理论计算和实验数据，他看后大为吃惊，赶紧和声学研究所搞这项工作的同志热情握手，并说：“我祝贺你，祝贺你！”科研就是要搞这样的，人家没有搞过，你搞出来了，所以，人家非常羡慕。

1984年，美国著名水声学家尤立克教授（左）访问声学研究所，右为汪德昭

另外，有一项研究工作叫声场预报。就是声呐在一个特定的海区，其作用距离可以根据各种条件和参数预报出来。就这项工作，汪德昭请教这位“超级专家”，他连说太难了，太难了，不可能，不可能。当汪德昭把所里的研究成果拿给他一看，他情不自禁地说：“好极了，好极了！”这位“超级专家”原来说到声学研究所的一个研究室只看5分钟，结果待了40分钟，详细记录，仔细询问，数据翻来覆去地看，都记在本子上了（当然没有什么保密的东西）。最后他说：“你们的工作很好，回去我们也要搞。”

日本防卫大学著名教授冈崎清访问声学研究所，参观了声学换能器及其材料研究后，感到十分惊讶。他在多次学术报告会上以及同个别人的交谈中，一再表示：“声学研究所的研究工作使我十分惊讶！依我看，那里的工作在国际上都是非常出色的工作。到21世纪，这方面研究工作的世界中心一定会从美国、日本转移到中国来。”为了强调他在这一问题上的见解，他在离开声学研究所前，还把这一意见写在留念册上，并多次说，希望声学研究所多参加国际学术活动，把中国的卓越成就引向世界！

三、理论创新

1978年，声学研究所参加水声情报网技术交流会，大家发表了水声方面的论文62篇，送交汪德昭审查。他在肯定大家努力为“四化”多作贡献的精神之后，还针对论文中存在的问题，指导大家要坚持理论创新，并提出了八点意见。

（1）今后搞科研工作，“量”与“质”的矛盾如何摆？应着重于“质”。接近、赶上或超过世界先进水平，主要看“质”。是否如此，请讨论讨论。

（2）科研作风问题。这里不是说同志们的作风不好，一定要向大家讲清楚。而是讲搞科研应该有什么样的作风。科研工作是艰苦细致的工作，一定要踏踏实实，一丝不苟。没有大量的实验、大量的数据做基础，做出的工作是不扎实的，就不大可能有很高的水平。国外的研究人员，一般每年能出一篇有货色的东西，就了不起了。当然天才也有，出两三篇就很突出。科研的好作风一定要养成，拿出去的东西要有创造性；有些东西，如一般性的设想等等，内部交流可以。

（3）搞科研不能只有理论，要重视实验技术，要会动手，或者别人帮你搞实验，帮你动手。要用实验来证明你的理论，李政道、杨振宁的理论是吴健雄用实验验证的。爱因斯坦的相对论，也是经过大量实验证明才被大家接受的。

（4）大量的实验数据，要用新的实验方法和新的实验手段、仪器来取得。要采用现代化的仪器分析、处理数据，对于计算机的利用，应引起高度的重视。

（5）要反对表面上热热闹闹，实际上不扎实。应景的文章，经不起推敲，结果流于形式主义。有的同志付出了艰苦的劳动，啃硬骨头。硬骨头就不是短时间能啃下来的，不要为了省力，为了减少压力，造成应付局面，结果避重就轻，追求快出文章。要避免那些扎扎实实搞工作的同志受到表面热闹的压力。

（6）建议讨论一下理论与实际的关系。真正创造性的理论工作是什么？什么叫物理模型？物理模型需不需要？

（7）要组织一下，安排时间让每个写文章的同志自己讲讲：自己的工作是什么？有什么新想法、新创造、新贡献？然后大家发表意见，百家争鸣。工作一定要扎实，拿出来的东西，要让人家听了觉得有货色。不在多，而在精。杨乐、张广厚在瑞士的报告，不是引起国外很大的反响吗？

（8）质量较高的论文，要留一些，准备将来拿到国际会议上去。要建立技术档案。

汪德昭不但认真指导学生撰写高水平、高质量的论文，还亲自动手与他的学生尚尔昌合作，从1975年夏天起，在众所周知的困难条件下，不为名利，不怕担风险，勇敢地接受了写作《水声学》专著的任务。经过5年的努力，60多万字的我国第一部有关水声学的专著出版了。

水声学是近代声学的一个重要分支，它与国防、海洋、资源、环境保护等许多领域有着十分密切的联系。但是，一直到中华人民共和国成立初期，水声学在我国还是一个空白。自从1956年制定《1956—1967年科学技术发展远景规划》以后，我国才开始重视这方面的工作。因为起步比较晚，20 多年来，在学校教学和科研工作中，所采用的水声学图书或资料，大多数是国外的原著或是翻译自国外的，没有我们自己写的专著。年逾古稀的汪德昭和他的正当中年的学生尚尔昌早就决心改变这种状况。尚尔昌 1958 年毕业于北京大学，是声学研究所的研究员，多年来，他在浅海传声理论研究领域取得不少富有独创性的成就，受到国内外声学界的关注。

由于写书仍不脱离科研，所以他们合著的《水声学》，除了着重从声场分析的观点，系统地论述了声学研究所涉及的基本内容，在世界上出版的同类著作中别树一帜外，还部分反映了我国水声学研究的某些进展和成果，在理论和实践上都达到了较高的水平。北京大学教授、声学家杜连耀在评论该书时认为，由既有经验又有理论造诣的汪德昭和尚尔昌合著的《水声学》，“是一部有水平而内容丰富的专著”。

第十一章 累累硕果

一、收获的季节

1994年7月1日，天气晴朗，阳光灿烂。这天上午，声学研究所举行了建所30周年纪念大会。在这隆重而欢乐的时刻，不少科技界人士由衷地谈到，正是我国水声科学元帅汪德昭运筹帷幄、学术作风民主、指导思想对头，才使得声学研究所出现了济济人才、累累硕果的繁荣兴旺的局面。在当年的那些青年科研人员中，经过多年的实际锻炼，已经出现了一名院士（张仁和，1992年当选为中国科学院院士），几十名研究员，以及更多的高级工程师。他们在水声物理、水声技术和水声工程等多个方面取得了丰硕成果，作出了突出贡献，已成为国际水声科学界颇负盛名的科学家。昔日的“青苗”，如今已经成长为栋梁之材。这是汪德昭几十年苦心孤诣、甘当“工作母机”、为国家和人民作出的不可估量的贡献。

尤其值得称道的是，通过当年这些年轻人的奋力拼搏，在水声研究工作中敢于和善于做最复杂、难度最大的浅海声场研究，我国水声学研究已经在某些方面处于国际领先地位。

汪德昭是一位杰出的实验物理学家，他擅长动手做实验。但在水声学的研究中，他却非常重视基础研究和应用基础研究。他深知，没有雄厚的、坚实的理论基础，要想更多更好地为海军声呐现代化和国民经济建设服务，是不容易做到的。这在开始时虽然要花一些时间，看起来显得发展速度慢一些，但是以后却可以少走好多弯路，因而实际上是“似慢实快”。30 多年来，汪德昭指导他的学生们在水声物理基础研究和应用基础研究方面，完成了许多高水平的工作。

（1）关于简正波的研究。1965 年，我国的《声学学报》发表了声学研究所的“浅海简正波的群速度与衰减系数”的普遍公式。10 年之后的 1975 年，这一独创性的研究成果被美国、英国、苏联、新西兰等国家的国际声学权威在论文中多次引用，并在论文中指出：“这是第一次在简正波群速与衰减公式中考虑了波束位移与时延。”

早在 1965 年，汪德昭的学生张仁和在一篇论文中提出了“声线在海面附近弯曲时会发生相位移动”的概念。直到 9 年以后，美国的水声学家墨菲（Murphy）和戴维斯（Davis）才发表了类似的结果。1974 年，张仁和在论文中提出了“波束在边界反射时会发生时间延迟”的概念和公式。后来，新西兰的廷德尔（Tindle）、美国的金利耶（Jinlyeh）的论文中都引用了他的公式，并指出，有关“波束时延的概念，是张仁和提出的”。

改革开放以后，声学研究所尚尔昌等在美国的《声学学报》（*Acta Acustica*）上发表了有关浅海声场的“简正波过滤”的论文，引起了水声界的重视，这篇论文被美国的博士班选为教材。美国的浅海声场专家克莱（Clay）教授为此曾向其上级打报告争取经费，表示也要开展这方面的工作。他在报告中谈道：“目前世界上搞这个问题的有两个中心，一个在法国马赛，一个在中国北京。”足见他对声学研究所的评价之高。

在简正波声场物理研究的基础上，声学研究所又严格地证明了射线-简正波混合公式，得到国际水声界的公认，并有所领先。这一理论不但为水声的系统设计提供了海洋声场直观的物理信息图像，而且为系统的最佳处理方案设计和反演海洋对象的信息特征提供了依据。

（2）在声场时空实验方面，声学研究所确定了声场时间和空间的相干范围，证实了浅海声场横向相关性在一定范围内随着传播距离的增加而增加的结论，在国际上首次获得了130千米远程横向相关达600米的数据，为远场被动检测和测距的空间布阵接收设计提供了可靠的物理依据。

（3）在浅海声场中，海底的声学性质是一个关键性的影响因素。声学研究所经过对高声速海底小掠角反射损失进行理论分析，得出了反射损失的频率关系，主要归因于粗糙表面的散射损失，这为高声速海底小掠角反射特性的参数描写提供了理论基础。

（4）在海洋中，海水的温度会随着深度的增加而下降。但到一定深度之后，水温就不再随深度的增加而降低了。声波传播的速度（声速）则是随着温度和静压力的增加而增加的。于是，在海洋深处，就存在着一种对声音传播很有利的自然条件（即我们在前面所说的“声道”），声波在海洋深处可以传得很远。在一定距离上，声波会聚集在一起。会聚区的声强，要比声速均匀的海水中声音按球面扩散的情况大百倍以上。这是有关深海声场研究中的一个重要课题。1978年，汪德昭率领大批科研人员亲自登船，在南海进行了我国第一次深海水声实验。这次实验发展了一种新的广义积分近似，提出了反转点会聚区的概念，解决了反转点会聚区声场计算问题。同时，与理论预言相符，证实了我国南海深海中确实存在着很强的反转点会聚区。

此外，声学研究所还在浅海声场研究、低噪声信道海洋内波对声场起伏的影响，以及远程混响模型等方面，取得了很大的成绩。同时，为研究我国北海、东海和南海这三个主要海区的水声传播规律，积累了大量的海上实验数据。信道数据、规律被国内有关单位在设计和研制新型水声设备时所采用，也为海军声呐的使用提供了依据。不少著名的国际水声学家曾经表示，中国的水声研究可能仅次于美国。美国高尔德（Gould）公司国际电子部的总裁更是公开表示：“在浅海声场方面，最有发言权的是中国。”1986年，著名信号处理专家、美国普林斯顿大学刘必治教授在访问声学研究所后，对汪德昭院士说：“我看应该是国外派人到你们这里进修才行。”

二、争得世界第一

为了推进我国浅海水声发展战略的实施，汪德昭坚持理论研究和实验研究相结合。在理论研究方面，他非常重视和关心波动传播理论研究中简正波场与射线场之间的关系问题，组织科研力量研究证明了在分层介质波导中，广义射线生成函数与简正波生成函数之间严格满足傅里叶变换关系，并讨论了近似的局部转换关系，改进了国外已有的证明。这一工作受到国外的重视，汪德昭团队已被邀请于1982年9月在意大利召开的“射线-简正波混合方法”国际学术讨论会上作特邀报告。根据简正波与射线的信息集中程度的概念，他们还提出了用过滤简正波抑制近场点源干扰的方法。在实验研究方面，20世纪60年代初，汪德昭就组织研究人员分别在我国南海、东海及北海区进行了多次的水声物理综合实验。对各种典型水文条件下的传播衰减、混响强度及海洋环境噪声取得了大量数据，并总结出一些浅海声场的规律。此外，还进行了目标反射特性和舰船辐射噪声的测量。这些结果基本上满足了声呐工程设计的需要，并为一些新的信号处理技术和设备的应用提供了物理基础。

20世纪70年代以后，我国水声实验研究进入了新的阶段，汪德昭组织人员开始深入地开展一系列的专题研究，如浅海远程混响的研究、信号场空间相干的研究、空间过滤简正波的研究、浅海内波与声场起伏的研究、低噪声信道的研究、海底沉积层声特性的研究、时变信道及匹配的研究等。通过这一系列深入的专题性的实验研究，他们进一步认识和掌握了浅海声场的某些规律性，发现和揭示了一些前人所未发现的新现象，检验了一些理论，并提出了一些新的理论课题。

（1）证实了浅海中的信号场横向相干扰性在一定距离范围内随距离增加而增加，获得了最远传播距离130千米、最大间距600米的相关数据。

（2）从大量实验中总结出负跃层传播的信号波形规律性，并在理论方面给以解释。

（3）从大量远程混响的数据中分析了海底散射的角度关系，获得了关于小掠角的一些散射特征，从大量远程声场的数据中提取了海底小掠角的反射参数。

（4）获得了浅海内波时-空尺度的数据，观察到浅海内波不同于深海：内波有明显的向岸传播的方向并与潮有关。观察到内波活动与声场起伏的关联性，为声学遥感内波提供了前景。

（5）对冬季均匀层情况及夏季跃层情况，实现了简正波的空间过滤。发现过滤后信号起伏很小，克服了多途场的不稳定的衰落现象，测量过滤后各号简正波的振幅可以提取海底参数，还首次进行了对混响的简正波过滤的研究。

（6）用脉间相关方法测量了信道的时域特征，浅海信道存在一个秒量级的随机成分和一个数分钟的随机成分，叠加在一个稳定性成分之上，用解卷法可以部分改善相关性。

（7）发现了一个与跃层存在相关联的尖锐的“选频衰减”的新现象，在夏季跃层下发现收到的远距离的传播衰减谱及波形谱上，在特定的频率上有一个尖锐的凹陷出现，这在同一海区的冬季传播谱中是不出现的。声学研究所科研人员还观察到这个频率上的传播波形也不同于其他频率的波形，有强烈的时间弥散，此时空间过滤简正波的效果也变差。这一现象还未见有国外报道，他们估计与内波散射有关，还有待进一步研究。

除海上实验外，声学研究所还在实验室及水池水槽进行了一些研究工作。用 30 升水圆柱形共振器进行了低频海水声吸收的研究，首次提出选择共振器与外容器之间隔距离来减少辐射损失的方法，效果良好，混响时间可达 400 秒，相当于传播 600 千米的距离。他们与山东海洋学院（现中国海洋大学）合作，在该校的波浪水槽中进行了过滤简正波的模拟实验，使用长圆柱换能器排阵，首次实现了在侧壁不消声的长 70 米的水槽中简正波过滤。这一措施使得狭长的波浪水槽成为进行水声模拟实验的有力工具，他们观察到了波浪表面对单号简正波的起伏影响以及抑制近场点声源的效应。此外，还利用小的消声水槽进行了聚焦液球目标反射及蠕动波的研究，对有限柱体散射也进行了实验研究。

1983 年，汪德昭应密特朗（Mitterrand）总统邀请访问法国

1983 年，汪德昭在巴黎授予动物声学家布斯内尔声学研究所荣誉教授称号

该怎样衡量中国声学在国际上的地位？该怎样评估汪德昭在声学研究所、在国际上的功勋？也许，1982 年是一次检阅。这一年，联合国海洋委员会在法国召开专家咨询会议，到会 15 个国家的 22 名代表中，汪德昭是唯一的中国代表。议题是“到 2000 年海洋发展的目标”。一位美国的海洋学家说：“可惜现在还没有一种仪器能够把海下发射的声音传到海面上

来，然后再把海面上各种杂响反射下去，并进行常年记录。”汪德昭听了，微笑一下，站起来，礼貌地说道：“我完全同意这位美国报告人的发言。但是，我可以告诉各位，他所提到的这种海下声源——低频换能器，已经解决了！地点，就在中国科学院声学研究所。”他的豪情与自信震惊四座。中国声学的一些研究成果成为国际上一道独特的赏心悦目的风景，浅海声场的研究成果达到国际先进水平。

汪德昭说：

> 现在，我国水声科学在某些方面登上了国际舞台，有些已经走到了国际前沿。但是，为了祖国的荣誉，我们不能满足于在国际水声学“大合唱”队伍中当一名队员，我们要有雄心壮志，争取有一天当上国际“大合唱”中的领唱者，不，是指挥者！

1997 年首届国际浅海声学会议在我国的首都北京召开，来自世界 17 个国家和地区的 130 多位科学家（其中外国科学家有近百位，包括世界一流的专家）出席了这次盛会。我国浅海声学的创始人——92 岁的汪德昭院士出席了开幕式，并代表主办方致辞，欢迎来自世界各国的同仁们。这标志着汪德昭的我国在世界水声学领域不当“合唱”要当“领唱”、“指挥”的夙愿得以实现。

三、取得漂亮成绩

在狠抓基础研究的同时，汪德昭也很重视为国防建设和生产建设服务的应用研究，他指导一些学生开展了有关水声工程和设备方面的研究，同样也取得了漂亮的成绩，不少领导曾到声学研究所参观。他们进行技术研究的指导思想是：坚持应用基础理论的研究，紧跟世界技术水平，不迷信国外，坚持走自己的道路。水声工作是为海军现代化服务的，多年来他们作出了应有的贡献。为了发挥科研储备和军用技术的优势，使之为国民经济服务，他们还较早注意到把军用技术转向民用生产。科研人员特别是科研骨干，十分重视基础理论的研究，坚持走由基础研究到应用、开发的路子。声学研究所微机应用技术走在前列，水声信号处理技术也较成熟，这可能是使声学研究所许多成果具备高水平和具有独创性的根本原因。以下是声学研究所取得的一些有代表性的技术成果。

（一）噪声测距声呐

被动测距声呐是潜艇的关键设备。测量海水中的动目标，方向很容易测定，距离却很难测准。一般在艇上装有接收阵，例如用三个接收系统排列在一条直线上，根据目标舰声波到达三个系统的时间差就可以决定距离了。原理很简单，而具体设计方案却是高难度、十分复杂的技术研究工作。这种有关国防的装备，由于众所周知的原因，是没有参考资料的。

他们接受这项任务是因为声学研究人员具有坚实的物理基础和高技术储备，相信经过系统的研究和海上实验，这项能进入国际先进行列的成果肯定会拿下来的。由于我国海区是浅海，海底和海面距离很近，多效应、色散、信道匹配、空间相关等问题都存在。总之，一系列物理难题要加以解决，一系列技术难关要闯过。经过 18 年的艰苦奋斗和顽强拼搏，一项具有我国特色，具有高精度、高稳定性、高抗干扰能力的“噪声测距声呐”终于被声学研究所拿下来了！经过多次海上试验，包括在最坏的水文条件和自然条件下进行，它的各项技术指标不仅大大超过了海军任务书的要求，而且超过了进口的某国名牌装备。1986 年科研成果技术鉴定评议会的鉴定意见书中是这样评价噪声测距声呐的：“该声呐是自行研制的，较好地把物理和工程结合起来，采用了二次相关和四点阵测距技术，具有独创性；平板阵设计的工艺先进；装配和降噪工作是成功的。这些在复杂浅海环境条件下实现高稳定、高精度被动测距的信号处理手段的研究工作已进入国际先进水平行列。”此外，该设备还是高抗干扰性、多功能、多目标、全天候、微机化（20 世纪 80 年代中期水平）、体积小、重量轻、耗电小的产品。测距声呐是一项多学科的复杂工程，在方案中采用了较多的高难技术，因而对提高我国水声科技水平有着重要意义。

（二）救生艇用定位引导声呐

这项工作是潜艇失事时救生用的。救生艇对失事“看不见、稳不住、对不上”，是因为没有定位引导声呐。救生艇历时 14 年未能完成水下对接和援救任务，而每次试验耗资近百万元。声学研究所东海站承担了这个任务后仅用一年时间就完成了第一台超短基阵定位引导声呐。在海上试验，救生艇模拟失事艇，连续三次水下对接成功。1986年又实现了实艇对接，成功地救出七人，使我国的深海救生技术跨入世界先进行列。该声呐也装配在海洋机器人“海人一号”上，取得了令人满意的结果。

（三）靠岸声呐

该声呐能够向引水员和船长提供正在靠岸中轮船的速度、距离和倾斜于码头的夹角等信息。使用靠岸声呐，引水员能够指挥轮船迅速且安全地靠离码头。该声呐自动化程度高，精度高，数据稳定可靠，抗干扰能力强，操作简便，已在镇海码头使用，为油轮靠岸导航。

（四）声像声呐

该声呐可用于探测海底地貌、海底和水中的目标（如沉船、礁石、输油管、海底电缆、沉底雷和水中锚雷，以及失事落底的重要武器装置）。它可装在船上、水下机器人或灭雷具上进行工作。

（五）声场数值预报仪

海洋声场随海区、季节变化很大，严重影响水声设备的性能。同一声呐在不同海洋条件下的作用距离可相差2至5倍。苏联及北约集团国家投入了大量人力、物力、财力从事海洋声场数值预报的研究。

我国水声学家提出的平滑平均声场理论，克服了尼斯（Snith，美国）、韦斯顿（英国）等提出的理论中的发散困难，并可用来进行快速声场数值的预报。根据此理论已研制出声场数值预报仪，其能够在几秒内计算出海中声场，达到了国际先进水平，用于海军水下作战指挥，可实时确定声呐作用距离和预报目标距离，具有重大的实用价值。

这项工作的意义不仅在于为声呐设计和作用距离预报提供数据，而且有可能由此发展进行声场直接匹配的信号处理方法，以取得目标位置的信息。

（六）自适应预估器

该预估器为高技术科研成果，内含多台同步并行的高速信号处理计算机，应用最佳信号处理、自适应等技术；能实时地从噪声背景中提取信号，抑制噪声；能用于声呐侦察、语言通信、珍贵音响历史资料复原等方面，很多有关部门已采用。

（七）GPY 浅地层剖面仪

GPY 是一种新型水下地质调查手段，既能测绘地层剖面，又能测量海底反射系统，还可兼作数字测探仪。为了克服当时国际上产品中固有的缺点，采用了一种独特的收发合置声阵和若干行之有效的信号处理技术。在长江口、太湖等处与日本、美国的同类产品的野外对比实验表明：GPY 浅地层剖面仪是国际上第一个既能在浅水（可至 3 米以下）又能在深水满意工作的系统。

GPY 在沿海和内陆湖泊已有超过 3500 千米的测线，地质矿产部将 GPY 和美国 UNIBOOM-230 进行现场对比后，把 GPY 选为上海经济区水系“三整治”（水质改善、水文调节、生态保护）的探测设备。它被地质矿产部列为 1984 年九项工程物理成果之一，上报中央。此外，利用该仪器对平均水深不足 2 米的太湖探测成功（南京地理研究所），对地理学研究有很大意义，具有国际先进水平，受到著名湖泊沉积学家凯里•凯尔茨（Kerry Kelts）的称赞。

（八）深地层剖面仪

该剖面仪能穿透地层深度 500 米，并第一次测得琉球海沟深度为 6700 米，同时对我国大陆架边缘也进行了测量。国家海洋局第一研究所还曾利用深地层剖面仪在太平洋中部采得锰矿球样品。

（九）大口径竖井参数测量仪

专用测量车中的大口径竖井参数测量仪是用来测量大口径千米地下核爆炸井的参数，诸如井径、井壁缺陷、倾斜程度、倾斜走向等。该测量仪已交有关单位使用，使用单位认为：“具有国际先进水平，国外无同类手段。”

（十）超声风速仪

煤矿主扇出风口的风速测量，长期处于使用手工表进行点测的状态。这样做，劳动强度既大又危险，而且测量的数据精度差。为了解决这一问题，声学研究所受煤炭工业部委托，与安徽省淮南无线电一厂一起，研制了一种将声学技术和微机技术应用于矿井主扇出风口的风速测量的FS-CI型超声风速仪。这种仪器具有使用方便、稳定可靠、抗干扰能力强、测量精度高的优点，并能方便地、定时地打印出风速风量结果，根据当时所掌握的资料，还未见到国际上有同类产品的报道。这种仪器的研制成功，为煤矿安全通风检测提供了一种新的测量仪器。

FS-CI型超声风速仪从研制到鉴定不到三年时间。声学研究所采取了与工厂相结合的形式，发挥各自的优势，较快地将研制成果变成产品，用于煤矿安全生产。

（十一）煤矿安全监控系统

声学研究所与安徽省淮南无线电一厂一起，成功研制出了A-2型煤矿安全监控系统。这个系统采用微电脑等新技术，实现了对煤矿井下的主要有害气体进行连续监测。系统的井下部分有数据采集分站、甲烷、风速温度、一氧化碳等传感器，井上部分有计算机、显示器、打印机、远程监视器。地面人员可通过计算机显示井下各位置处被测气体浓度的变化，打印出各项数据、值班报表、变化曲线、超限数据。该系统曾在安徽淮北矿务局港口煤矿运行，得到有关领导部门及煤矿工人的好评。

（十二）非线性声学实验室和非线性声学研究系统

非线性声学实验室为中国科学院1982年重点项目，1983年启动，1986年鉴定验收。声学研究所经过三年多时间的努力，研制了精密行车系统等15种专用设备计46台件，进口了配套设备10种计15台件，自行设计并组织了施工场，投放了15吨砂，形成了厚度为0.8米的模拟海底，内部埋有测量水听器阵和模拟反射目标，形成长4.6米、宽2米、深3米的砂底水池及模拟水槽等，建成了以非线性声学实验系统为中心的两个实验室和一套海上实验设备，为我国第一个具有国际先进水平的非线性声呐研究，特别是对海军和国民经济发展迫切需要解决的海底掩埋物的探测有着重大的现实意义。

非线性声学实验研究系统设计理念先进，其自动化程控性能、坐标精度和模拟海底声性能都优于英国、日本等国的同类系统，达到了国际先进水平。随着该实验研究系统的部分建成，已陆续进行了高指向性声波穿透海底界面时的衰减、参量阵近场测量及水听器的非线性、非线性海底剖面仪的研制工作，取得了成果。

来访的日本名古屋大学教授、日本声学学会副理事长、非线性声学家池谷和夫，在参观非线性声学实验室和有关研究课题时题词："特别是您在非线性声学、水声领域内所进行的非常优秀的研究，使我感到震惊，这当然是新中国的实力。"丹麦皇家科学院院士、终身教授、工业声学研究所所长、国际著名非线性声学家 L. Bjornoz 在上海期间也参观了非线性声学实验室，他说声学研究所的实验手段比他们的好，赞扬了声学研究所的工作有成果，有很高的科学水平，希望安排人员互访和合作研究。

（十三）复合铁电、压电材料及换能器的研究受到国际同行的重视

夹心复合陶瓷与常用压电陶瓷和国外同类产品相比，具有独特的优良特性，其径向振动小，优值因数大，声阻抗率低。用它制成水听器，其灵敏度比常用的大 26 dB。用它制成岩用宽带换能器，体积小，性能优，可用于岩样声测和岩土混凝土声特性方面的研究，国外未见相关报道。

声学研究所在水声信号处理方面是比较有经验的，曾经开展过极性相关，数字多波束、脉冲压缩技术、高速 FFT、高分辨率力谱估计以及自适应技术等方面的研究。1984 年 4 月在北京举办美国电气和电子工程师协会（IEEE）声语音和信号处理（ASSP）研讨会，由声学研究所负责筹备工作。ASSP 协会主席克里斯特尔（Crystal）等专家对该会议的学术水平给予了高度评价。

四、巨大贡献

如前所述，声学研究所在水声物理、浅海传播理论、水声信号处理、水声新技术、水声换能器和材料等方面做了大量的研究工作。应用这些科研储备，他们在我国国防建设和国民经济建设方面作出了直接贡献。

在国防建设方面，早在 20 世纪 60 年代初，声学研究所就较深入地研究了极性相关和数字多波束定向技术，现在这些技术已在我国被普遍采用。使用这些新技术，声学研究所研制了我国第一台近岸水下预警声呐，使敌方潜艇不敢公开在我国近海海域活动。此外，鱼雷声制导系统、鱼雷

靶场跟踪系统、潜用综合声呐等都起了一定的作用。

在水声设备中应用脉冲压缩技术，在国内是声学研究所首先提出的。他们先后研制成磁芯矩阵，各种延迟线，进行了大量的复杂波形脉冲压缩物理实验，并应用于主动声呐。

在国民经济建设方面，声学研究所利用声学新技术（包括水声、超声、电声等），很快地研制出对我国国民经济发挥作用的一些设备。例如利用水声自适应新技术，他们很快就研制出一个十分灵敏而别致的报警器。利用声呐技术，他们研制成了 761 型多波束鱼探仪（交付上海无线电 22 厂批量生产）。该设备使我国海洋渔业的围网作业大幅度地提高了生产水平。这种鱼探仪不仅能搜索、跟踪鱼群，而且能在显示器上直观地指示鱼群的方位、距离和鱼群大小，从而成为指挥围网作业的有力武器。

声学研究所还研制成 QPY-1 浅地层剖面仪。这项成果于 1981 年 3 月由国家基本建设委员会、交通部、中国科学院联合鉴定通过，已交由上海地质仪器厂批量生产。以往港口建设、航道疏浚、海底电缆铺设等工程，施工前勘察水下地层结构，主要用钻探法。此法速度慢，成本高，劳动强度大，而且资料不连续，钻探作业还要受海上气候的影响。用基于声学原理的 QPY-1 浅地层剖面仪勘察水下地层结构，则没有这些局限性。这是对现代化建设颇有意义的贡献。

交通部水运规划设计院在国内十几个港口使用的情况证明，QPY-1 浅地层剖面仪应用后的经济效益很大。①能节省大量资金。仅 1979 年 12 月到 1980 年 12 月，用该剖面仪做的 54 万多米线测看，由于少布 2/3 的钻孔，即节省钻探费 300 多万元。②效率高。原先一个月的工作量，用该剖面仪只需两三天。③地层剖面资料延续直观，便于施工。④操作简便，无须笨重劳动。⑤省外汇。进口一台性能类似的剖面仪需 5 万—6 万美元。

声学研究所还研制了海底地貌和避碰声呐、STS-1 线阵超声诊断仪。

STS-1 线阵超声诊断仪于 1981 年 7 月通过了院级鉴定。样机经上海市第六人民医院、中山医院、肿瘤医院临床试用，证明性能稳定、图像清晰。适用于对人体的肝、脾、胰腺、子宫等进行动态观察，可显示出断面图像，有助于提高临床诊断效率。特别是对不能使用 X 射线的妊娠检查、胎儿观察更有独到效用。超声诊断仪是现代化医院的重要设备，国外发展很快。当时，国内各地医院进口了上百台超声诊断仪，花了几百万美元，而且一旦出了毛病又难以修配。STS-1 线阵超声诊断仪的研制成功，既造福了人民，又节省了大量外汇。

此外，勘探海底石油的新技术装备——深地层剖面仪，也取得了能获得 600 米深的海底地层剖面资料的结果。对于浮标遥测系统、海底沉积学、水声非线性方面的应用，都做出了成绩。

东海站研制的深地层剖面仪是开发海洋的大型设备，原定指标为深海 3000 米，穿透海底 200 米。1984 年 7 月，声学研究所和国家海洋局第二海洋研究所协作，在太平洋实测应用中，竟在海深 6700 米处，穿透地层 500 米，大大超过了原定的指标，并且第一次探测到琉球海沟深度为 6700 米，创造了我国深海地层探测的历史纪录。不仅如此，在国内还首次获得了东海大陆架斜坡的地层剖面图，在国际界线划分中（特别是中日间），为我方提供了强有力的证据。

第十二章 学界宗师

一、水声泰斗

汪德昭是深受大家尊敬的一位在国际上享有盛名的大科学家。人们尊敬汪德昭的人品和他一生在多个学科领域所作出的重大贡献，尊敬他热爱祖国、为发展我国声学事业坚持不懈的奋斗精神，更尊敬他爱护后辈、满腔热情培养年轻一代科学家的高贵品德。可以说，汪德昭是一位学界宗师、水声泰斗。

张淑英第一次遇见汪德昭，是1964年3月在北京召开的第一届全国水声学术会议上，那时他在东海站参加工作仅两年多。在这次会议上，他发表了两篇论文并被编入了论文集。特别让他高兴的是，汪德昭在为论文集写的序言中专门提到了他研制的脉冲功率计，让他这个刚起步从事科研工作的年轻人受到了很大的鼓舞。

“文化大革命”期间，汪德昭也被迫害靠边站了。那时张淑英因搞军工任务常有机会来北京出差看望他。张淑英谈到，在他每次与汪德昭的交谈中，汪德昭总是热情鼓励他努力工作，对他在当时的艰难情况下仍能坚持科研工作表示由衷的高兴。当时让汪德昭最痛心的是声学研究所被解散了，但是他坚信不正常的情况终将过去，祖国的未来一定是光明的，是需要科学技术的。“文化大革命”结束后，汪德昭等老一辈科学家为声学研究所的重建作出了巨大的努力。当汪德昭看到邓小平同志批示的有关文件时，是多么高兴啊！他精神焕发，情绪高昂，虽然已年过七十，但为了追回损失的时间，为了声学研究所的建设和发展积极地工作，领导着声学研究所全体同志共同努力，很快就取得了成效。

1978 年，声学研究所开展了晋升副研究员的考核工作，这次提职对被停顿了十多年的科研人员来说，无疑是一件关系到切身利益的大事。可能是出于论资排辈的考虑，当时东海站领导没有推荐张淑英，但是汪德昭鼓励他个人报名参加考核，结果通过了。汪德昭在考核工作结束后的第二天就找他谈话，祝贺张淑英考得很好，并希望和鼓励他今后多作贡献，多承担一些责任。在这次谈话中，张淑英表达了自己想要出国进修的愿望，汪德昭欣然同意，于是声学研究所把他列入了出国访问学者的名单，汪德昭为他提供了一次提升自己的重要机会。

1982 年到 1984 年张淑英赴亨德（HUNTEC）公司进行访问研究的两年多时间中，他多次写信向汪德昭汇报自己的工作，汪德昭也多次写信给他，为他能以自己的成绩为国家、为声学研究所在国际上赢得荣誉而感到由衷的高兴，并给予他热情的鼓励。那个时期，在对出国人员某些问题的处理上还有“左”的影响，但汪德昭了解和信任科研人员，在张淑英提出让自己的妻子到加拿大探亲的请求时，汪德昭不听信流言蜚语，坚决地给予他支持，他趁到上海出差之际，专门到张淑英家探望他的妻子和儿子。那时，汪德昭已近 80 岁高龄了，行动已经不便，但他还是沿着狭窄的楼梯，登上了三楼张淑英家住的小房间。这让张淑英的家人万分感动。特别是在张淑英出国期间，汪德昭就为他回国后的工作作出了安排，指示在东海站成立第四研究室，从事海底方面的研究工作，由张淑英回国后任该研究室主任。汪德昭的这一决策，为由海洋声学和地球物理学发展起来的一门新的分支学科——地声学在声学研究所确立了它应有的地位。

陈毅锋说，汪德昭信任、关心和爱护年轻一代科研人员的事例不胜枚举。汪德昭为他的后辈们所取得的每一点成绩而深感高兴，他总是在各种场合热情地宣传他们所取得的成就，在他们的事业发展或生活需要帮助的时候给予大力支持。汪德昭是这一代科研人员的恩师和挚友，也是大家学习的榜样，在他的培养下，声学研究所培养了一批为祖国作出了重要贡献、在国内外享有一定声誉和影响的科学家。

二、科学导师

汪德昭是世界科学大师朗之万的亲传弟子，也是我国著名的科学导师，他没有门户之见，也不计较“文化大革命”中的恩恩怨怨，无论是谁，只要取得了好成绩，他就积极为之宣传。因此，他这位科学导师受到了声学研究所研究生的普遍欢迎和尊重。1982 年中国科学院召开第一次研究生教学工作会议时，特别邀请汪德昭在大会上介绍自己培养优秀研究生的经验。汪德昭认为，中国科学院将来的人才，主要是从研究生中来。培养研究生关系到我们“四化”建设的速度，关系到我们祖国的强大和未来，所以这件事情是非常重要的。对在新的历史阶段应怎样培养研究生，他发表了自己的六点宝贵意见。

第一，必须重视实验技术。实验技术的培训不能忽视，特别是数理学科方面。他说他这样讲不是忽视理论，没有基础理论就谈不上研究。但他觉得更重要的是实验技术。在培养期间，要使我们的研究生至少达到两个目的。①使研究生认识到实验技术好比自己的两只手之一，不会实验技术，不重视实验技术，科研是搞不好的。这里也包括搞纯粹理论的同志，也要重视实验技术，爱因斯坦是搞相对论的，但他对实验技术特别强调，他的文集中讲过好几段这方面的话。汪德昭说他认为国内外好多科学家都会同意这种看法。培养研究生，培养一个科学人才如果不重视实验技术恐怕是很困难的。所以要认识实验技术的重要性。②要使研究生真正能自己动手。动手主要靠自学。当然也要向人家学，但主要还是自学。是不是光靠刻苦研究就能成为一个人才呢？不见得，他的知识面必须相当广。第一阶段要深，第二阶段还要广，光深不广，研究思想是有局限性的。他说现在声学研究所每个星期举行的学术讨论会，题目讲到超声问题，搞空气声、语言声的人就不那么感兴趣，就不一定来参加，觉得内容不对口，听也可以，不听也可以。汪德昭说这是错误的，是会吃亏的。搞科研的知识面要宽，要举一反三。虽然你本人是搞语言声学的，但是在超声或其他学科中，它的一套思维方法和它的一些新现象，很可能使你触类旁通，或举一反三，可以把它移植过来，对于这类事件的成功案例，科学史上多极了。

第二，实验要自己动手。他说，最近声学研究所搞岗位责任制，发了一个表，调查每个研究室有什么问题，每个同志干些什么，结果有一个问题提出来了：我这里缺人，缺技术人员多少，等等。进一步了解后，汪德昭给的回复是：不给。他要人是准备干什么呢？他准备自己坐在那里发号施令，这个你干，那个你画，而他自己则看书或干些别的。这样不好。特别是对于研究生来说，不是自己动手，不深入研究工作的第一线，那是搞不出成绩来的。当然也有例外，有的研究室确实需要人，那还是要给的。一般不给，自己动手，这对他有好处。他还以居里夫人发现放射性元素的例子加以说明。当初到底是怎么回事呢？居里夫人做了一个很简单的实验，用一种静电计测量电荷，另一边是一块铝板，上面放着很强的钋（Po，放射性元素）。她做的可能是一种吸收的实验，这种很普通的实验本来是用不着她自己做的，但是她坚持亲自做，别人做她不放心。实验做完后她把钋拿走了，铝板没动，无意中把电流计打开了，按理说电流计的光点是不应该移动的，但电流计的光点还是动了，她很诧异。如果是一般人，可能会认为是电流计漏电，或认为是没有调好，一下子就过去了。可是她却不然，觉得光点移动这种现象的出现很奇怪。经检验静电计并不漏电，周围也没有任何干扰，那么肯定是有一种放射性物质进到静电计中去了。她想放射性是从哪里来的呢？找来找去，只有那块铝板。因此，她断定铝板在实验中产生了另一种放射性物质，人工放射性同位素就这样被发现了。科学上的发现往往有这种情况，因此说要亲自动手，亲临第一线，这种精神要认真领会。

第三，要培养拼搏精神。从研究生到研究所之日起，就必须培养他的拼搏精神。这对于取得研究成果，对于以后研究工作的朝气蓬勃，勇往直前，为祖国争取荣誉，会起到很大的作用。所以，培养研究生具有拼搏精神，不是一句空话，而是一件很具体的事情，应该从各个渠道、各种可能性上重视这一点。我国羽毛球运动员顽强拼搏获得世界冠军的精神，希望能移植到培养研究生工作中来，汪德昭认为是很有必要的。要发扬拼搏精神，研究生搞科研，一定要搞清楚为什么搞科研，是为自己将来出风头，得名得利吗？不是的，主要是为了祖国的荣誉，为把我们国家建设成为一个社会主义强国。他说我们国家已经是一个强国了，虽然还很穷，还有很多问题，但我们具有三个条件，一定可以成为一个强国。第一个条件是有中国共产党的领导，第二个条件是有勤劳勇敢的人民，第三个条件就是全国人民有坚强的自信心。最后一点是非常重要的。没有这种自信心，什么事情也干不成。中国羽毛球队为什么能获得世界冠军？就是因为他们有自信心，在比赛不利的情况下力挽狂澜，具有不屈服、不低头的英雄气概，这是很感人的。所以拼搏精神很重要。汪德昭说他记得前不久钱三强同志讲过：人生能有几次拼搏？这话很有道理，完全适用于研究生培养，也适用于指导研究生的导师们。

第四，给研究生选择研究题目应该与我国的具体情况相结合。汪德昭说，在我们给研究生选择研究论文方向的时候，应该与我国的具体情况结合起来，而且要尽可能地结合。当然有的也不能勉强，也不是说非结合不可。我们国家需要的是什么呢？现在的科研要为我国国民经济建设作出贡献。所以在研究生一入学的时候，就应该向他们宣传这种思想，要尽可能地把研究课题与将来国民经济发展的需要挂上钩。当然也不能勉强。基础理论研究和实际应用是不可分割的两个方面，基础理论是长远的，国民经济技术的研究是比较短期的。研究生必须掌握好基础知识。有的同志认为中国的研究生不如外国的研究生，这个观点是错误的。其实，中国的研究生不见得比外国的研究生差，甚至还要好。在中国已经当了研究生，再把他送到其他国家去做研究生，这样做是很不好的，反映出自己思想的错误，不能这样做。所以，对研究生培养和指导的时候要考虑到我国的具体情况与具体需要，要使他们在这方面有广阔的天地，为我们的国家服务。

第五，加强思想政治工作。汪德昭认为，培养研究生好比养花，要因人施教。总的几个原则是不能违反的。什么原则呢？他主张导师必须严，但严不等于瞪眼睛、申斥，严到不合理的程度。要使研究生对你心服口服。对研究生，应该以表扬为主，这一点很重要。一个人的气可鼓，不可泄。研究生有一点进步就要鼓励，如果有缺点也要指出来。他说自己有这个经验，要言传身教。不愿意让研究生做的事情，自己千万不要做，违反一次，威信则无，研究生就不听你的了。他说过去他刚到国外的时候，朗之万对他的影响很大，但没有给他讲过多少话，就是看他平时的举动。他有一个论点：研究人员有一种社会责任，不能钻到“象牙塔”里面。这个道理在国内我们就知道。但是朗之万身体力行，即使工作那么忙，科学上取得那么大的成绩，仍然非常关心人类的命运。朗之万是反法西斯反战争委员会主席，当时希特勒把他抓起来就是因为这个原因。他的思想进步，列宁的著作中曾引用了他的文章。他很早就申请加入法共，但当时法共组织认为他留在党外比加入更为有利，作用和影响更大，所以他没有加入，但他的思想早就是共产党人了。后来他的女婿被德国人枪毙了，因此他毅然决然地加入了法共。他曾在物理方面讲过许多让人受教育的话，他虽然已是法国科学院的院士了，但他还说："我自从懂得了辩证法，才真正懂得了什么叫物理。"这就是说，一个人如果对唯物辩证法不清楚，恐怕物理概念也不会清楚。当讲到年轻人学习的重要性时，他讲，人家说共产党人要学习，他觉得，越学习越像共产党人。那时他还没有加入法共，因此他说的这些话对青年人很有鼓舞作用。汪德昭说，我们指导研究生，做研究生的思想政治工作时，要经常结合实际和他们谈谈，首先要培养他们的爱国主义思想。我们伟大的中华民族拥有几千年的光荣历史，一直没有中断，世界上只有这样一个历史悠久且未中断的国家。尽管现在有各种问题，但是我们相信，在不久的将来，中国各个方面一定会很快赶上去的。培养研究生树立爱国主义精神，他们的干劲将更大。如果一个人一天总是在那里打自己的小算盘，钩心斗角，考虑如何得个名、弄个利，这种人是不会有出息的，科学上也不会有所贡献，这种人思想太窄，总想到自己，这样不行。所以培育具有爱国主义精神、立志花精力求拼搏、努力争取在科学上取得成果的研究生，他们将来毕业出来工作，必然会成为对社会有用的人才。

第六，培养民族自尊心。汪德昭说，民族自尊心很重要，我们绝不可轻视自己，妄自菲薄；我们也不能夜郎自大。我们的研究生也应做到这一点，声学研究所曾派出许多高级研究人员到日本、法国、美国及北欧国家参加学术会议，他们回来后在所里开了个座谈会。汪德昭给他们提出了一个要求：当天的座谈会每个人都不许讲假话、讲好听的话和迎合领导的话，而是要讲真话。出去看了人家的工作，究竟他们哪点比我们强？哪点和我们差不多？或哪点我们比他们强呢？座谈会后得出这样一个结论：有好些学科我们不是思想不行，或方法、理论不行，而是现代化仪器不如他们。他们普遍应用计算机，每个研究人员一台，一个星期的数据用两个小时就算出来了，我们则需要三个月，工具用的是算盘。只这一条不如他们，因此汪德昭归纳出两句话：不能夜郎自大，要踏踏实实干；也不能妄自菲薄。

三、真切感言

汪德昭是水声科学的元帅，也是水声科学战线上一位英勇善战的战士。1994 年 7 月 1 日，他在声学研究所建所 30 周年纪念大会上发表的《迎接新世纪的挑战》，充分体现了他的战士风采。他是这样说的：

1994年7月1日，汪德昭（站立者）在声学研究所建所30周年纪念大会上讲话

今天，我以十分喜悦的心情来参加声学所建所 30 周年大庆。首先，我热烈祝贺 30 多年来，声学所同志们对祖国的现代化建设，对祖国的安全，对祖国的兴旺发达作出了很大的贡献。其次，我衷心希望在即将来到的 21 世纪里，同志们对祖国的富饶，为祖国的强大作出更大的贡献。

中国科学院现代声学研究人员，在第一个国家科技发展远景规划的指导下，辛勤耕耘，奋发图强，1964 年 7 月 1 日成立了自己的科学基地——中国科学院声学研究所。开拓、创业的 30 年过去了，有辛勤奋斗的岁月，更有开花结果的喜悦。在步履艰难的十年动荡之中，声学所经历了被肢解的局面，但是，无数热爱声学研究的同志们，即使在最困难的时期，也没有中止过自己创造性的思维。“野火烧不尽，春风吹又生。”在党的十一届三中全会之后，被拆散达九年之久的各个分支，终于又会聚一堂。大家记得很清楚，在会师的那天，大会是由当时（中国）科学院秘书长郁文同志主持的。当时全所的同志在（中国）科学院的领导下，团结奋斗，长期积压下的能量磅礴而出！在出成果、出人才，以及建设一个现代化研究所方面，没有辜负党中央，特别是邓小平同志、聂老总和院领导的期望，1979年声学所因科研成绩优异受到国务院嘉奖。光荣属于声学所的每一位同志！

在这喜悦的日子里，一些同志已经永远离开我们了！国防科工委张震寰同志，对声学所给予很大的支持和关心；（中国）科学院秦力生同志、电子所顾德欢同志，以及声学所吴国华、葛燕璋同志，都对声学所的发展作出了很大的贡献；还有年轻的理论和技术骨干，北站的许祯镛同志、北京的施仲坚同志和其他同志，他们不仅把全部精力用在声学事业上，而且把年轻的、宝贵的生命为声学事业都贡献出来了！我们对这些同志们表示深切怀念，永远不会忘记他们对声学所的贡献！

30多年来，声学所的研究人员经过长期的科研实践和创造性的探索，积累了知识与经验，增长了才干，以老带新，人才辈出，已经形成了一个既有坚实的理论基础，又能攻克尖端技术难关的人才群体，这在国内外来说都是难得的。尤其是中央提出科学技术必须面向经济建设之后，声学所全部学科都在积极行动，响应了祖国新时期建设的号召。同时，在基础理论以及应用技术方面，也进行了适应新时期需要的深化改革。

在不平凡的岁月里，声学所在自己历史发展过程中形成了一些优良传统：为祖国献身科学的胸怀，为科研“标新立异，一丝不苟，奋力拼搏，亲自动手”的作风，以及由这些实践所形成的既活跃又严谨，既大胆又严格的学术气氛。事实说明，优秀的科研成果来自优秀的人才群体。面对30多年来的全部成果，瞻前顾后，我们既不要夜郎自大，更不要妄自菲薄。所有这些好传统，是很值得我们保持和发扬的。

在水声基础研究方面，30多年来走过了一条艰苦创业的道路。我国的水声事业，从无到有，从小到大，发展成今天这样包括科研、生产、使用的庞大体系，是经过国内各系统各单位通力合作、上下齐心，努力奋斗出来的。其中，声学所为祖国国防水声的发展也作出了重要贡献，而且对水声设备及与此有关的前沿性关键技术的研究工作，也作出了重要贡献。在这里我附带说一句，声学所成立的时候，院里给声学所的文件中有这样一句话："中国科学院声学所，以国防水声研究为重点。"实践告诉我们，先进的设备必须以先进的科学理论为依托，还必须以先进的技术方案与工艺为支撑，缺一不可。

我国是世界上浅海海域最大的国家，研究浅海声学是我们对世界水声应有的责任。改革开放以来，声学所的水声科研成果走上了国际讲坛，得到了国外同行的好评。我国的水声论文被国际刊物发表或被参考引用的次数不断增加。1992 年 9 月，我们在首都北京成功地举办了第十四届国际声学大会。

声学所对浅海声学的研究是全面的，也是基本的。获得了在典型环境条件下的平均水声传播规律（广义的传播，它包括直达声、混响声和环境噪声），也获得了声场的结构特征（起伏、相干），还从理论上阐明了海底与声场的互相作用关系。为此，1986 年的"浅海声场研究"与 1990 年的"简正波声场的变换与过滤的研究"，均获得了国家自然科学奖二等奖。简正波过滤的理论，国际上是我们还在 70 年代末 80 年代初首先提出的，现在已经被广泛应用。

就水声传播而言，尚尔昌、高天赋等人引入广义射线和简正波函数，完整地证明了射线和简正波之间满足了傅里叶变换关系。在此基础上提出了一种混合理论，使远场近场都能满意地表达声场结构。在简正波过滤研究的基础上，提出了声源定位的新方法，有着重要的实际意义。利用广义相积分近似，克服了前人多年未解决好的声场计算发散问题，并提出了完善的平滑平均声场理论。建立了简正波海底发射衰减普遍公式。进行了直达声与混响声的声场反演运算，提取出海底的反射散射信息，提出了判别海底表层底质类别的声学方法。此外，对浅海远程混响、浅海内波、浅海声场的相干性、起伏性，做了很有水平的工作。声学所还对典型海区的重要水声参数、考察数据进行了汇编。在继续深入研究浅海声学的同时，80 年代开始了深海研究，对深海会聚区给出了完善的理论分析。对深海声场做了多种模型的预报，由于理论上的优势，预报精度与速度优于国外同类计算。

还须指出的是，近十年来，声学所高水平的水声物理研究群体，无论是国内还是国外，都做出了十分出色的工作。例如上面提到的证明广义射线和简正波之间满足傅里叶变换关系的作者高天赋，他在1989年发表了《波导散射和非波导散射的关系》这篇杰出的文章，引起了水声界的轰动。1993年10月在丹佛（Denver）举行的美国声学学会上被推荐为特邀报告，并请他到美国去宣读。美国的海军水下研究中心（NRL）查阅了所有水声文献，只有这篇文章是用全波动方法给出的。俄罗斯也把它译成俄文。

上面提到的另一位搞深海传播的学者张仁和院士，几年前获得了极为宝贵的大洋远程声传播资料，发展了独创性的传播理论。特别是在同样精度下，计算速度比美国人的方法至少高出两个数量级。美国发明PE（物理方程）方法的著名水声专家泰伯特（Tappert）教授看到文章后，专门组织了讨论会，在会上他说："中国学者一定有超级计算机，或用200台PC机同时工作。"

研究群体中，有两位以访问学者的身份在美国工作，都做出了非凡的成果，为我国赢得了荣誉。一位（注：周纪浔）在美国被水声界公认为浅海问题专家，并被推荐为美国大学教授。推荐书上说他是国际水声界公认的"世界级专家"。最近，他还发现了浅海孤粒子内波对低频远程声传播有很强的影响。他所发表的论文，都并列中国科学院声学所和美国大学的名字。

近代水声学发展中一个重要里程碑就是把水声物理场特征与先进的信号处理方法结合起来：这是我们一直努力的方向。70年代前，水声信号处理是基于平面波场模型，进入80年代才开始把波导场作为信号处理的基础。近十年来，已经成为目前最热门的课题——匹配场定位（或处理）（matched field processing，MFP）。在MFP这一发展史中，声学所的另一位专家尚尔昌，在美国作出了重要的贡献。他提出了简正波匹配定位（matched mode processing，MMP）。MFP和MMP不仅在水声学是热点，而且关系到国防工程，一开始就受到各国海军的重视。他发表的几篇论文，从1989年到1993年的5年间，被美俄主要刊物引用127次。这是学术界承认的一个重要标志。看来，在世界水声"合唱队"中，中国的"四部分合唱"受到了喝彩。似乎可以说，声学所的水声物理，尤其是浅海声场的深入研究，已经形成了中国自己的特色，可能是中国科学院的优势学科之一。

声学所涌现出众多杰出的水声工程专家。他们融水声工程、水声物理和信号处理理论于一体，多年来设计研制的水声设备甚为先进，深得使用者好评。北京和三个工作站（北站、东站和南站）的水声工程专家是一支很强的战斗队伍，无论是国防建设还是国民经济建设的任务，他们都可以胜利完成。

环顾全国，放眼世界。声学所不能落后于时代的步伐。这个思想，自始至终一直是鼓舞大家奋发前进的动力。声学所在自己的发展历程中，从组织领导到科研设计，做了全方位不懈的努力。例如，声学所在（中国）科学院系统内，是最早使用微处理机的单位，也是最早向国内呼吁开展研究我国珍稀动物白鳖豚仿生学的单位。

声学所在 80 年代初，由当时方毅院长的介绍，在中南海国务会议上汇报了声学所和水生生物研究所共同捕获了一条白鳖豚（即“淇淇”），建议拨款以在动物园内修建白鳖豚馆，使广大群众能观看和熊猫齐名的又一国宝，得到批准（后因故延期）。不仅如此，声学所还在 80 年代就开始研究它的声呐效应，第一次发现白鳖豚声信号分为两大类——啸叫声和脉冲声，并将研究结果写成论文，于 1981 年 2 月在《中国科学》上发表。

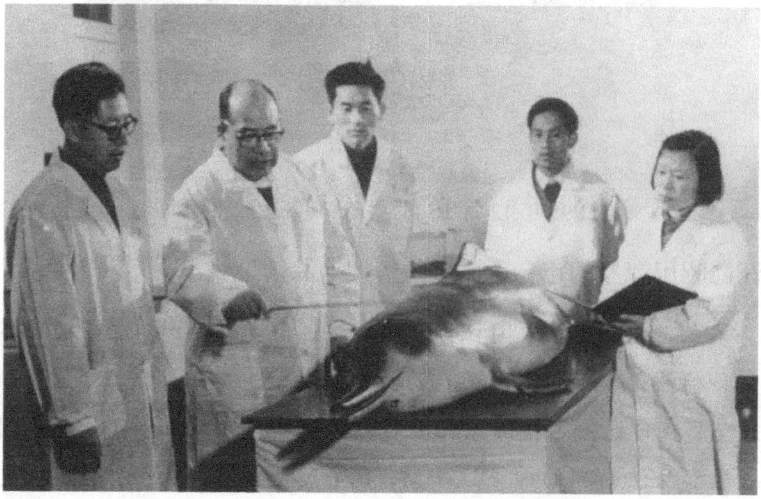

1980 年 4 月，汪德昭（左二）与关定华、景荣才等同志在北京研究白鳖豚发声器官

声学所也是较早贯彻重点转移、进行改革的单位，选拔了一批青

年学术带头人；组建了阵容强大的高水平学术委员会；搞“五定”——定方向、定任务、定课题、定人员和定设备；试行每周工作44小时，以提高工作效率；较早地提出建开发公司，把科研成果转化为生产力；等等。那时声学所的超声、空气声和水声的各自领域，在国内外占有重要地位，做出了很大成绩。那是一个生龙活虎、捷报频传的时期。

当前，全国各个方面都在转向市场经济的奔腾大潮，为声学所开辟了广阔的天地。声学所有雄厚的基础，有迎接21世纪——信息技术和其他高技术挑战的雄心壮志，就一定会把全所同志的满腔热忱和聪明才智引向龙腾虎跃的新局面，这是我们社会主义祖国的需要，作为一个老战士，我将热烈地为此欢呼！

1995年12月16日，在庆祝我国国防水声的创始人、国防水声的泰斗汪德昭院士九十寿辰的大会上，这位科学大师发表了他传奇般人生的真切感言。

1995年12月16日，汪德昭院士致答谢词

汪德昭用浑厚的声音、庄重的语调，深情地说：

本世纪初，是中国社会激荡不安、大变动的时期，新旧世界的冲突和搏斗，激励和训练了我的青少年时代。我是怀着“科学救国”的热望，在日寇侵占我国东北之后到法国去学习和工作的。在中国抗日战争和反法西斯的神圣战斗中，我坚定地站在人民一边。在历史大宽度的背景下，我目睹了自己的祖国，在中国共产党的领导下所发生的一系列翻天覆地的伟大变化。积90年之经验形成了一个坚定信念：只有社会主义能够救中国，只有社会主义能使中国繁荣富强。改革开放以来，举国上下一片热气腾腾，我为社会主义祖国一个新的胜利接着一个新的胜利而无比欢欣鼓舞！

党和人民对我国知识分子以深切的关怀和巨大的期望。尊重知识，尊重人才，高瞻远瞩，深情似海，使我受到了极大的鼓舞和深刻的教育。

我是从事声学研究的科技工作者，长期以来我对自己有一个严格的要求：在声学世界中，要最先和永远倾听人民的声音，这是责任，也是抱负，尽管我做得还很不够。

……

1995年12月，汪德昭五兄弟欢聚京城[左五：汪德耀，左四：汪德昭，右二：汪德熙，左二：汪德宣，右三：汪德钟（堂弟）]

1995年12月16日，侯自强所长（右一）、侯朝焕院士（右二）、张仁和院士（右三）、李启虎副所长（右六）等所领导向汪德昭院士祝酒

第十三章　老骥伏枥

一、名誉所长

据说，有一次居里夫人的朋友看到居里夫人的小孩在育儿床中将居里夫人的奖章当作玩具在玩，大为不解。居里夫人告诉朋友说：荣誉就像玩具，只能玩玩而已，绝不能永远守望着它，否则将一事无成。不论“无名英雄”还是“玩具”，都让人们从中感受到科学家重事业、轻名利的精神。作为一个中国人，汪德昭更爱“无名英雄”这一称谓，这四个普普通通的中国字更有一种奉献与牺牲的含义。国际上“冷战”已经结束，国内也早已实行改革开放，弹指一挥间，转眼过了 40 多个年头。汪德昭就是用“无名英雄”这四个字，连同声学研究所为祖国的荣誉、人民的利益，团结、创新、拼搏、奋斗不懈。

汪德昭经常告诫科研人员：我们攀登科学高峰，不可能由一代人完成，而是需要无数代人前赴后继，希望青年人踏在老一辈的肩上去攀登世界科学技术的最高峰。他不仅这么说，也是这么做的，从而造就出一批各个领域的学术带头人。就是这样，他用自己的思想和行为把全所的人凝聚到同一个目标的周围，使声学研究所人才辈出、成果累累。

1984 年，由于年龄的关系，79 岁的汪德昭从声学研究所所长的职位上退了下来，担任了声学研究所的名誉所长。他虽然人已经不在岗位上了，可是他并没有给自己“放假”或“退休”，他的心还留在所里，还系在水声研究上。他还和从前一样，继续关心着声学研究所的发展，为我国声学事业的前途操心。声学研究所的一切大事，只要他知道了，他都要积极地提出自己的意见，而且都是以国家需要为出发点考虑的。1985 年，声学研究所有一位学习超大规模集成电路的博士毕业生，原单位要他回去。汪德昭知道后，考虑到国家培养这名研究生已经五年，并专门送他到国外学习过，是国内这方面少有的专业人才，因此，尽管自己早已不是所领导，但他还是认真建议现任所领导，要从国家利益的需要来考虑，多做工作，让这个研究生留在声学研究所，好使国家急需的专业人才充分发挥作用。在汪德昭看来，国家利益高于一切。他总是希望我国的声学研究能够达到甚至超过世界先进水平。用曹操在《龟虽寿》中所说的“老骥伏枥，志在千里。烈士暮年，壮心不已”来形容汪德昭，最恰当不过了。

正是因为汪德昭有很高的学术造诣，因而他获得了多种学术荣誉。1978 年，汪德昭成为联合国教科文组织总干事姆博（Amadou-Mahtar M’Bow）的“科学与技术知名科学家小组”成员之一，并于 1981 年 5 月被邀请参加了联合国教科文组织在巴黎举办的“科技进步对社会（所产生）的后果”第一次讨论会。1979 年，他又一次去巴黎参加了联合国教科文组织召开的爱因斯坦一百周年诞辰纪念大会。1981 年 6—7 月他率领中国声学代表团访问法国期间，法语区声学家协会于 6 月 26 日举行了隆重的授勋仪式，把一枚该协会的最高级勋章授给了他，以表彰他多年来在法国和中国从事声学研究所取得的成绩，以及他在推动中国声学发展和培养人才等方面作出的巨大贡献。该协会的前主席布斯内尔教授在致辞时说：“法语区声学家协会今天将这枚最高级勋章授予您，感到非常自豪和骄傲。这枚勋章是我们对您尊重的标志，您作为一位成绩卓著的科学家赢得这种尊重是当之无愧的。”

1991 年秋，法国总统密特朗派遣科学研究与航天部部长于贝尔·居里安教授到北京，委托他代表自己向中国的两位科学家授勋：一位是严济慈院士，另一位就是汪德昭院士。勋章是国家级的法国荣誉军团军官级勋章。法国荣誉勋章大致有三个等级，最高为“大十字勋章”，一般授予法国的元帅或最出名的人物；其次是“军官级勋章”；再就是“骑士勋章”。据了解，将军官级勋章颁发给中国学者，这还是第一次。汪德昭还三次收到了瑞典皇家科学院诺贝尔物理学委员会的来函，请他帮助推荐诺贝尔物理学奖的候选人。

所有这些都说明，汪德昭院士是一位受人尊敬、有国际影响的知名科学家。

1991年8月30日，法国政府科学研究与航天部部长于贝尔·居里安代表法国总统为汪德昭授勋

1991年12月，汪德昭（左）在巴黎与蔡方柏大使交谈

1991 年 12 月，汪德昭（左二）在中国驻法国大使馆给留法学生作报告

二、人民代表

汪德昭院士还是一位热爱社会工作的科学家。1956 年回国以后，他先后当选为第一、第二、第三、第四届全国人民代表大会代表，中国人民政治协商会议第五、第六届全国委员会常务委员和中国人民政治协商会议第七届全国委员会委员。作为人民代表，就要代表人民，为人民办实事。这是汪德昭院士的一贯主张。家住中关村的很多人都知道，中关村的许多公益事业得以顺利完成，有汪德昭立下的汗马功劳。比如为了中关村的环境整洁和绿化工作，他曾每天晚上走门串户，同近 50 位高级研究人员反复磋商，历时两个多月，最后终于得到北京市领导的支持，解决了这个老大难问题。

1980 年，汪德昭曾被中关村地区的居民拥戴为海淀区的人大代表，至今时间已经过去了几十年，但现在海淀区人民代表大会常务委员会的老同志，有时还爱谈论汪德昭的一项议案。这项议案的内容是：海淀区群英荟萃，得天独厚，应该努力建设成为首都的文化特区；特区内的文化设施、文明要求和社会管理，应当别开生面，使人们一进特区，就有“郁郁乎文哉”的感受。比如特区的人民道德高尚，有很高的文化素养，待人文明礼貌；没有打架斗殴，也不发生贪污腐化。虽然现在看来，有点太理想化，但作为社会目标，这毕竟是人民由衷的向往。

1979年底，汪德昭的名字出现在发给中关村居民选举海淀区人大代表的选票上，他是候选人之一。有些人说：“人家曾是全国人大代表，又是政协常委，当这小小的区人大代表，有啥意思！”可更多的人认为“这位老科学家敢说真话，肯办实事。该投他一票！”在北京市区县级人大代表直接选举中，中关村选片的3100张选票，有71%投了他。最终，汪德昭被选为海淀区人大代表。在他作为海淀区人大代表的那一任期里，他为群众办了两件很有意义的大好事。

由于科学事业的发展，当时中关村地区人口膨胀，副食供应和孩子上学成了问题，不少人为孩子考不进附近的北京大学附属中学、中国人民大学附属中学、清华大学附属中学而苦恼。“为什么不能在中关村办个中学，接收中关村各户子弟？”1981年，汪德昭在政协常委会上写了提案，主要的理由是：解决各所人员的后顾之忧，大家才能全心全意投入工作。汪德昭的提案受到了海淀区委的重视。当年，中关村副食供应“少、缺、差、贵”，反映之后，改进了不少。中关村的副食供应逐渐改善，网点逐渐增多，减少了中关村居民的购物时间。小孩子上中学困难，中国科学院筹办了一所中学（中关村中学），当时虽然校舍简陋，但校长是个女强人，找来一批教学认真负责的老师，解决了部分小孩子上学困难的问题。1982年，中关村中学开始招收第一届初中生。

1984年，汪德昭向中国科学院领导汇报这所中学成立后的情况时，它已扩充办了高中。在多年的发展过程中，这所中学蒸蒸日上，已修建了很像样子的校舍，配置了较好的设备，高中毕业生的升学率逐年提高，已办成北京市高中示范校。孩子们考不上北京大学附属中学、中国人民大学附属中学、清华大学附属中学，能入中关村中学，家长们也就放心了。汪德昭，这位倡导办校的创业者，成为中关村中学的名誉校长，深受全校师生和学生家长的爱戴与尊敬。

人们不会忘记中国科学技术大学附属中学（原中关村中学）是汪德昭为解决广大科研人员子女的上学问题倡议创建的，人们不会忘记在建校初期汪德昭几次亲临学校对全体师生进行亲切教诲，人们不会忘记汪德昭为了学校有好的教学设备千方百计地为学校筹集经费。十几年过去了，1995年在中关村中学更名为中国科学技术大学附属中学的大会上，汪德昭又亲临会场，向全体师生讲话，表达了老一辈科学家对中国科学技术大学附属中学寄予的殷切希望。该校在汪德昭的关怀下不断成长。

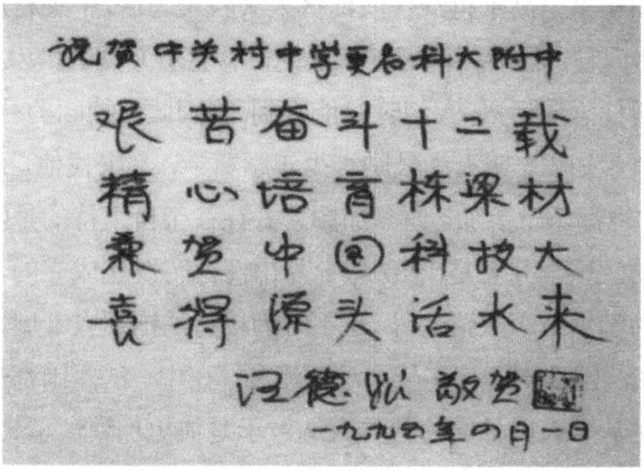

1995 年 4 月 1 日，汪德昭为中关村中学更名为中国科学技术大学附属中学题词

中关村中学于 1984 年增收一个班的学生的事例，颇能说明汪德昭的精神和风格。那一年，中国科学院中关村地区有大批平时学习成绩较好，而在升学考试时临场发挥欠佳，因考试分数不够线而不能进入较好的中学学习的小学应届毕业生。孩子们的家长多为中级科研人员和业务骨干，为此非常苦恼。为了自己的孩子能够进入一所条件、环境较好的中学，这些学生家长花去了不少工作时间东跑西颠，也未能很好地解决问题。这时，许多人想起了人大代表汪德昭，纷纷单独或联名给他写信，请求他设法给予帮助，以消除大家的后顾之忧。汪德昭共收到十几封信，有一封竟是由 57 位中年科研人员联名写的。

收到这些信以后，汪德昭也非常着急。他明白，解决好孩子的上学问题是一件大事，可以帮助这些孩子的家长解除后顾之忧，让他们能安心地搞科研工作，这对国家是十分有利的事情。于是，他主动出面与海淀区教育局、中关村中学的领导多次反复协商、联系，又专门写报告给中国科学院的有关领导，总算得到了初步解决，缓和了矛盾——由中国科学院一次拨付给中关村中学 10 万元，作为 6 年的经费，由中关村中学增设一个班，招收 45 名学生。这一结果受到了广大学生家长的欢迎，也深深感动了有关领导。孩子们的家长作诗赞曰：“蓓蕾争开花争艳，孩子蹦跳进中校。家长们赞不绝口，声声敬谢院领导。”时任中国科学院秘书长的顾以健同志在汪德昭的报告上写道："汪老，感谢你对我们这些好同志的子女教育操劳。关心群众的精神是我们学习的榜样。"

在汪德昭年事已高不再继任海淀区人大代表之后，中关村居民仍不时找他，反映一些问题，他能帮助呼吁解决的，总会想方设法尽力办到。赞许汪德昭的社会责任感的话语，人们时时能听到。也因此汪德昭的社会活动很多，今天为普及科学知识，明天为鼓励青少年学科学，都来找他，而他认为对社会有益的事，也都乐于参加。他参加频繁并往往亲自主持的是欧美同学会留法分会的活动。这个分会是1987年5月由汪德昭发起成立的，除了为在京的留法归来的学生组织联谊之外，还不时为接待法国友人开展人民外交的活动。汪德昭在法国读书工作多年，法语流利，在中、法两国都享有很高的知名度，确实是从事人民外交的最佳人选，于是他更加繁忙了！

1987年5月，在留法同学会成立大会上，汪德昭（左）与著名画家吴作人大师（右）在主席台上

三、科学使者

汪德昭还是一位出色的科学使者。中法建交后的第二年，应法国科学院院士、巴黎大学教授阿尔弗雷德·卡斯特勒（Alfred Kastler）的邀请，汪德昭偕同实习生黄永安，遵照领导的指示，赴法国进行学术访问。这也是汪德昭回国后第一次去巴黎访问。在访问期间，他充分利用自己对巴黎熟悉的条件，会见老朋友，结交新朋友，扩大新中国的影响，与法国不利

于两国友好的言论进行斗争，维护了我国的尊严，发展了中法两国人民的友谊。他在回国后汇报到巴黎访问的感受时谈道："我这次到了巴黎，十分不习惯，看着不顺眼，到了访问末期，有些'受不了'了，归心似箭。到了国外，愈觉得祖国的伟大、祖国的可爱，中国人在伟大的毛泽东时代是多么幸福！"

1973年7月9日，汪德昭代表我国参加国际海洋法日内瓦防污工作组会议。他勇于维护发展中国家的利益，在会上，用标准的法语（会议工作语言为法语）即席发言。发言的大意是：

> （1）我们建议增加如下一段："沿海国家有权对在其管辖范围内的海域，根据本国的具体情况，制定海洋环境政策，并采取一切必要的措施，保护其海洋环境免受污染。"
>
> （2）没有将中国代表团提出的案文，和其他国家一样，排列在比较表中，我们感到不理解。我们要求主席把中国代表团的案文列入比较表中。
>
> （3）关于比较表第十条"公海自由"问题，我们认为，国际海域及其资源，原则上应属于世界各国人民所共有。为有效地保护该区域的海洋环境，防止海洋污染，在该区域进行的一切活动应该遵守有关防污染的规定。任何人企图以"公海自由"为借口，逃避海洋环境的责任，是不能允许的。

他的发言得到了会议的采纳。

1979年5月8—10日，汪德昭代表我国科学家出席了联合国教科文组织召开的爱因斯坦一百周年诞辰纪念大会。会议用三天的时间座谈，就"科学技术用于发展"问题交换了意见。出席的科学家有57位，分别代表34个不同的国家和地区。汪德昭发表的主要意见是：发展中国家，政府的作用是决定性的；各国科学技术的发展、科学家的素质和科学研究的水平是重要的；提高教育质量和科研水平才能够提高生活水平，最新的技术来源于基础理论，应集中科学技术力量开发自然资源；科学情报的发展对于提高科学技术水平，以及普及科学知识关系极大，政府的决策人必须了解科技发展的新情况；国际科研中心和地区中心必须受到联合国教科文组织的重视与援助，并且要继续发展；"科学技术用于发展"似无必要在联合国内另行组织机构；联合国发展科技的经费必须增加；“科学技术用于发展”应承认教科文组织在科学技术以及政策制定方面的权威性。这次会议，也让他了解了国际科技发展的动向，广交了朋友，宣传了我国的科技政策，扩大了我国对外的影响，胜利地完成了领导交给的任务。

1982 年 4 月 13 日，汪德昭代表我国参加了联合国教科文组织召开的“2000 年的海洋学”会议。会议期间，汪德昭充分显现了他的科学外交才能，发挥了他懂得多种外语的优势。他用流利的英语讲话，引起了轰动，他自己也非常满意。他在发表讲话当天兴奋地写信向声学研究所汇报说：

> 今天开大会，告诉你们一个好消息，我第一炮打响了！不但打响，而且几乎有些轰动！到会是各国权威专家，一律用英语讲说。我很活跃，三次发言，受到权威的好评。特别是在会议快结束时，我讲了声学和海洋的紧密关系，并举了用声学遥感测内波的可能性，大家皆用笔记录。吃饭时，大会主席赶上我，对我说：“我们大家正在谈你的发言呢，你讲的话很重要，带方向性，大家一致称赞。”我说：“十分感谢你们。”下午，对地球物理部分提出意见。原文说：“深海海底放低频换能器很困难，高频吸收大，达不到海面，低频体积大，有困难……”我说：“这个问题确实很困难，但是中国科学院声学所，搞了十年，现在已基本解决这个问题了。凹形灯笼换能器，可置深海海底，体积小，频率低，功率可达5000瓦！确实如报告人所说的，解决此问题，海洋学要‘大跃进’！”报告人很兴奋，马上问：“频率是多少？”我说：“从200赫起。”我借此机会谈海洋学家和声学家密切结合的必要性，我说：“法国奶酪（Fromage）叫作Camemdert，很好吃，但是法国人说Camembert avec win rouge，ca fait un bonmarriage!（最好的奶酪必须配上好红酒），这是美满的婚姻，现在海洋学家配上好的声学家，也是美满的一对！”大家哄堂大笑，说我比喻得好。此外，生物口忘了提深水散射层（deep scattering layer，DSL），物理口忘了提海洋噪声等，我都做了补充，大家都同意修改。总之，今天很成功。第一天到巴黎，下飞机后精力充沛，一直活动到晚间，身体并不太累。我也奇怪，劲是从哪里来的，后来想了想，还不是国家开始稳步前进形势很好，党的威信越来越高，心情舒畅。说实在的，是党给了我力量！

第十四章 鞠躬尽瘁

一、青年工作

汪德昭院士是带领我国百名“青苗”步入“声学”这个古老而又年轻的科研园地的导师，他对学生的启发与教导，使之受益终身。汪德昭不但是学生永远敬重的恩师，也不愧为新中国水声科研的奠基人，因为他培育了整整一代人，并永远鼓舞他们奋战在五洲四海，为科学进步而无私奉献，为人类进步而辛勤耕耘。耄耋之年的汪德昭，人老心不老，他经常以“一个同学”“一个老青年”“一个老科学家”的身份，活跃在青年学生们中间。他热爱青年，关心青年，了解青年，成为青年们敬重的朋友。他发表的一些意见，今天读起来，仍让人感觉到非常亲切，受益无穷。

汪德昭对怎样做好青少年工作，也像搞自然科学那样，倾注了自己的心血，进行了比较系统的调查研究，他受中国科学院党组的委托，在中国科学院青年工作座谈会上所作的《关心青年是我们的战略任务》的重要讲话，今天仍然铭刻在我们的心上。

汪德昭院士深情地说：

青年是我们的明天。为了使我们的社会主义事业今天有接班人，明天更加兴旺发达，我们应当而且必须十分认真地对待青年一代，正确解决青年、少年和儿童的教育问题，是一项重要的战略任务，应当成为我们的重要传统，一代、一代地继往开来。

古人所说的“十年树木，百年树人”，也是包含着这层意义的。为了人类的事业，汪德昭说，他坚信研究青年问题将越来越凸显它的重大意义。

曾有一段时间，针对青年问题，出现了许多议论。不少同志感到有些忧虑，觉得现在的许多青年人不如20世纪50年代的好。针对这一问题，汪德昭说，他相信，进行这种议论的时候，论点和论据可以举出一大串来，而且他也相信，不少例子不是假的。但是，这绝不代表青年人的主流和本质。他认为，在党的领导下，绝大多数青年人是要求进步、服从真理的。因此，他郑重建议，我们在研究青年问题的时候，应当采取这样的态度：要把青年问题作为一个专门的重要问题来对待。现在，我们有共青团、有学生会、有研究生会、有工会。在党的领导下，这些组织做了和正在做着许多十分有益的工作。但是，各级党组织有没有把青年问题提到应有的战略高度来对待？恐怕未必，至少各单位是不平衡的。根据青年问题的现状和战略地位，他认为，我们已有的工作，已显得相形见绌。这个越来越显得突出的任务，值得全党来重视，值得全社会来关心，值得全体同志来努力思考和行动。

第一，要了解青年。为了说明问题，他说我们从一个角度来开始讨论。就社会历史说，过去的已经过去了。《毕业歌》、《在太行山上》和《没有共产党就没有新中国》等革命歌曲要唱，而且要永远唱下去，这是毫无疑义的。但更重要的是，要关心他们现在爱唱的歌，要满足他们心里想唱的歌，要创作使他们心灵能够奋发的歌，要创作他们热爱社会主义祖国的歌。因为，我们的根本任务是要开创今天的新局面，要缔造明天的新希望。有一年的春节联欢晚会，张明敏在电视台演唱《我的中国心》之后，在全国，尤其是一些女青年中引起非常大的震动，令人惊诧万分！他说，他的老伴是搞音乐的，他个人也喜欢音乐，以纯专业眼光看，这种震动是没有多大根据的。很显然，这里面有一堆问题摆在我们面前。这远不是唱歌的问题，他说他讲的也不是唱歌的问题，而是我们应当认认真真地去了解青年中存在的一系列问题，有必要一个一个、一层一层地去进行思索和研究，从而使我们的认识更加成熟，从中引出我们的任务，从此开始我们的长征。

第二，要引导青年。他说，我们曾跨过这样的时代：历史任务比较单一，或土地改革，或抗日战争，或解放战争。反映在思想上，在一代又一代的革命和进步青年学生中，是目标一致、行动一致，他们的丰功伟绩将永垂史册。他说他个人也有一点实际体会，中华人民共和国成立的时候，为使第一面五星红旗在法兰西土地上升起，他们当时在法国的学生会，废寝忘食，团结战斗得像一个人一样。同志们激动的泪水，映着象征战士鲜血的红旗，使大家的精神得以升华，这种爱国热忱迸发的动人场面，直到今天，仍然是一笔宝贵的精神财富，永存在每一位同志心中。这是时代使然。今天，我们搞社会主义"四化"建设，经济体制和政治体制的改革，是一场全新的社会大变动。允许少数人先富起来的政策，必然在社会上形成一些利益集团，反映在社会思想上，就难免会出现多元化倾向。一些新的观念，需要我们建立。我们如果只谈青年们的思想复杂，不去承认和研究这种多元化倾向对青年的影响，从而去探讨和运用新的方法，把青年引向改革，引向进步，而是一味加以埋怨，是解决不了任何问题的。其次，面对"四化"建设形成的社会庞大需要，寻求适应的选择，对青年人的影响，也完全不同于历史上的任何一个时期，加上对外开放出现的新形势，更使青年人的精神形象显得五彩缤纷。我们应该在这些层次上去理解青年，引导青年，把握现实，推动社会进步。

第三，要关心青年。他说，当代青年，还承受过特殊的伤害，那就是"十年动乱"强加给他们的空前灾难。现在，普遍存在于青年身上顽强的"自我中心"，是这个灾难的深刻印迹。在他们看来，自我以外的东西，已经破碎了。有许多东西，还是他们亲手砸烂的。这就为国外飘来早已被法国人批臭的萨特（Sartre）的"存在主义"以及各式各样的非理性思潮，提供了辽阔甚至相当肥沃的土壤。确实，许多东西是令人很不愉快的。他说他曾在京丰宾馆看了个电影，片名叫作《一个死者对生者的访问》。主题思想本来不错，但影片中出现的中国，被描绘成野蛮的原始社会，作者用象征主义手法告诉观众，中国千千万万的青少年，正在赤条条地接受着这种野蛮的烤炙，剧场观众，基本是中老年知识分子，环视四座，没有一个不表示反感。这实在是太讨厌了。但细细想来，面对这种现实，深思应当压过愤怒。他觉得应当关心这代"受伤"的青年人。

要从学习和生活入手，多做符合青年人切身利益的工作，多开展形式多样的文化娱乐活动。现在，有些青年，尤其是研究生，提出生活太单调，这是可以理解的。长期以来，汪德昭一直认为青年科技工作者应该有一种业余爱好，音乐可以，文学可以，绘画、棋类等都可以，它既能活跃思想，又能让人的身心得到平衡。他还说，也许是他的偏爱，今天他要为音乐多讲几句。音乐可以净化人的心灵，提高人的精神境界。情操在旋律中升华，升华了的精神反过来又指导人的语言、人的行为。音乐吐放和谐，非常有助于彼此理解，互相友爱。很显然，这种思想情感的变化过程，对青年是非常重要的。特别应当提到的是一个有丰富而高尚内心生活的青年，是不接受一些杂乱无章的东西的。音乐有点像人参，在精神文明建设层面，确有“扶正固本”的奇妙作用。因此，他建议中国科学院院领导在青年教育方面多在音乐上下一点功夫。

第四，要有一点规划。他说，在思想领域，特别是关系到人生观、世界观的建设，“毕其功于一役”的想法不可取。一方面，教育本身，必须循序渐进、潜心培育；另一方面，历史上形成的东西，也只有在历史发展过程中才能解决。这就要求我们既要具备高瞻远瞩的战略观点，又要掌握脚踏实地的战役手段，巧妙运用，存乎一心，只有这样才能完成我们的任务。汪德昭说，他本人很喜欢接触青年，他的工作方法是同青年接触的界面宽而多样，竭力避免空空洞洞的议论——这往往使青年人产生敬而远之的心理，他把工作做得尽量自然。例如，他在谈论现代主义时，更多地引用西方比较进步的权威的意见，这比简单的批判有无可比拟的优点。从事自然科学的青年，由于时间和专业的关系，不可能阅读许多社会科学方面的书，如果在同他们的谈论中能让他们更多方面地观察事物，就会非常有益。

1982 年，汪德昭出席全国自学成才经验交流会，讲了自己的自学体会。他勉励青年们说，自学有广阔的天地，是成才的一个重要途径。胜利属于热爱社会主义祖国、立志为“四化”建设献身的青年们。他说：“我们现在的考试制度，考大学，一榜定终身，这是有问题的。以为考不上大学一辈子就完了，也是完全错误的。实践证明，不管是在国外还是国内，成才的关键在于自己的刻苦钻研。”他举例说，皮埃尔·居里在科学上是很有贡献的，他发现的压电晶体，被朗之万用到声学上，发明了超声学。

朗之万还做了一个东西叫声呐，是用来找潜艇的。发明的整个过程，完全靠自学。华罗庚同志讲得很对，一个人花在自学上的时间是最长的。汪德昭也谈到自己称烟雾粒子质量的事，也没有别人告诉他应当怎样称，都是靠自学做出来的。汪德昭还指出，也不要以为只有留洋，吃洋面包才行，不然就不行。这也是错误的。大家都知道大医学家李时珍，他上过大学吗？没有。这种人有很多。比如我国的沈括，还有比外国人早1000多年将圆周率精确到小数点后七位的祖冲之。他们都没有上过大学。汪德昭说，他并不是反对派人出去，他主张我们对待外国人，一不要骄傲自大，二不要卑躬屈膝。

作为一位老科学工作者，汪德昭在科协青年工作会议上，谈了自己对青年教育的三点感想。

一是爱国主义。从古至今，崇尚爱国主义一直是中国知识分子的优良传统。为了我们祖国的繁荣富强，有多少优秀的知识分子、仁人志士献出了一切。因为热爱我们的祖国，他们一代又一代前仆后继、披肝沥胆、勇往直前。他说：

> 当我们这一代和你们现在这样年轻的时候，我们中华民族正处于一种危急之中，我们急切地寻找解救的办法。当时我们这些年轻的知识分子认为，我们中国之所以处处受难，不仅在于经济的恐慌和政治的纷扰，还由于我们中华民族没有科学的抚育，以致知识贫乏、能力柔弱，不能认识自我、改善自我，而当时的世界已经是科学的世界，一切均受着科学的支配与影响。我们中华民族科学落后，因此已吃了很大的亏，故而认为非科学不能救国，大家呼吁提倡科学，科学救国。如今，国家的振兴迫切地需要我们，我们要用科学技术建设自己的祖国。邓小平同志提出科学技术是第一生产力的马克思主义论断，使得全社会对科学技术的重视程度大幅度提高，这对我国的现代化事业将产生深远的影响。我们科技工作者报效祖国、大展宏图、施展才华的时刻到来了。

二是自力更生。他说，我们同是科学的“信徒”，很能体会“科学无国界”的伟大精神。我们相信唯有世界上研究科学技术的人们携起手来，才能缔造人类的幸福。然而我们也必须承认，由于政治上的原因和现代各国在经济上展开的激烈竞争，先进的高技术成果有可能被封锁起来，使别国不可能得到。怎么办？只有依靠自己的力量。我们有20世纪六七十年代依靠自己的力量成功地研制了“两弹一星”的成功经验，今天，我们依靠自己的力量，同样能取得成功。我们中国人是很聪明的，是可以在很多方面领先世界的。当然我们所说的自力更生不是闭关自守，我们还要进一步扩大对外开放，学习国外的先进科学技术和管理经验，要多开展国际交流，但一定要把自力更生和对外开放很好地结合起来。

三是学风。希望青年科技工作者端正自己的学风，应当把科学的恩惠普及全体人民，不仅要重视高深研究，而且要多做普及推广工作。要切忌犯文人相轻、同行相嫉的毛病。他说，有时你会发现：走出峡谷后竟是一片开阔天地。要大力提倡创新。世界知识产权保护协定的签订，将给我国带来一个更加开放的国际竞争环境，这对我国科技界提出了更高的要求，从而对科技创新的要求明显增加。目前科技界中，比例相当大的是模仿，跟踪性研究将会受到冲击。可以说，今后没有创新的研究，在国际激烈的竞争中是根本站不住脚的。因此从战略战术和思想、行动上考虑，科技工作者的座右铭应当是“标新立异，一丝不苟，奋力拼搏，亲自动手”，科技工作者要担起推动科学发展的责任。

二、科普宣传

汪德昭是一位在国内外享有盛誉的科学家，也是一位热心科普、积极进行科普宣传的专家。他开展科普宣传有四大鲜明的特点。

第一，努力学习中央文件，认真贯彻中央精神。1995年，中央发出11号文件，提出抓好两件事，一是开展爱国主义教育，二是加强科普工作，这让汪德昭感到特别兴奋。他看到国家把科普提到一个战略性的高度来考虑，这一点意义特别重大。因为科普工作是关系到21世纪我国能否进入世界科技、经济强国行列的大事，所以一定要做好。这项工作做好了，我国科学技术事业在21世纪会有一次腾飞。中央11号文件特别点了中国科学院院士的名，要求院士到基层、到企业，特别是到青少年中去，广泛开展科普宣传。

1994年，汪德昭在天安门举行的六一儿童节庆祝大会上讲话

这一点，他非常赞同。汪德昭觉得问题是要真正认识到科普工作“到了非抓不可的时候”了。要认认真真抓落实，科普工作应摆在科协工作中更重要的位置上。他指出：现在，打着“科”字旗号的计算机算命风行一时，一些地方用宝贵的农业用地大量建坟墓，他在游西湖灵隐寺时曾亲眼看到两个大学生在磕头烧香，这样下去怎么得了！现在的年轻人，非洋货不用（其中包括许多青年知识分子），好像中国什么都不行。其实我们自己的某种产品并不比洋货差甚至还要好得多，这就是说，要让青年人知道我们的技术实力、我们的科学水平。因此，他建议在中小学教材里应生动、形象地多介绍我们中国的科学家（从古代到当代的），以及他们对人类发展、对整个科技事业作出的贡献，从而让他们从小就为做一个中国人而感到自豪和光荣。

第二，重视运用科技史料，培养民族自豪感。汪德昭说，世界上最早发明和使用钞票的，不是别的国家，而是中国。中国人2000多年前就用煤了，外国人不知道煤，马可·波罗（Marco Polo）在游记里写道，中国人烧黑石头。火柴是中国在南北朝时发明的，后来传播到外国，外国人经过进一步加工，再卖给中国人。中国人给了它一个新名称，叫“洋火”，我们自己发明的东西却成了洋货。根据中国科学院外籍院士李约瑟（Joseph Needham）的统计，类似的这种发明中国一共有248项。有些东西，汪德昭说他自己都不知道。因此，他建议，在中小学的教科书里面要添加这些材料。比如讲到算术，讲到圆周率，那就把祖冲之的故事写进去。诸如此类，如化学的、物理的，以及其他方面的例子都写进去。让孩子们从小就有一个概念：我们中国了不起。不仅要写过去的成果，还要写现在的成果。现在我们很多成果也都很了不起，很多都可以说是世界第一。中华人民共和国成立这么多年以来，我国的广大科技工作者奋力拼搏，在科技促进经济建设方面取得了丰硕的成果，在基础研究、应用研究，包括高技术方面的某些领域达到了世界先进水平。他还说，自己是搞声学的，曾经提出过，在世界声学领域这个“合唱队”里，要当一个“指挥者”。经过30多年，我们的水声工作者在浅海传播方面做了许多创造性的工作，得到了水声界的公认。美国很有名的一家水声公司的老板曾经说过：在浅海传播方面，中国人最有发言权。美国麻省理工学院的一个研究生班也曾经采用我们发表的论文作为教材。我们的国家在这方面的例子还有很多很多，这一切都增强了我们科技工作者的自信心、自尊心，以及做一个中国人的自豪感。诺贝尔物理学奖获得者杨振宁教授说，我们国家的科学技术到了21世纪会走在世界的前面。汪德昭说，他非常同意杨振宁的意见。因此，汪德昭建议搞一个简单的科普小册子。这个小册子的内容是从李约瑟统计的248项中国发明中选一部分，再把中国人现在的那些在世界上第一的成果也包括进去。这个小册子可以无偿地发给中、小学生，让他们一看印象就加深了，就会知道中国不是什么都没有，中国过去的文化了不起，科学技术水平排在人家前面，只是在明朝以后才逐渐落后的。这对于培养年轻人的自信心和作为中国人的自豪感，一定会起到很好的作用。还要学习国外编一些深入浅出的科普故事。法国一位大物理学家把相对论用一个非常通俗的故事讲出来：当一个人乘坐速度与光速差不多的火箭时，他在火箭上过两年，地球已逝去好几百年的岁月了。我们是不是也可以多编一些这类深入浅出的故事？他认为在科学的问题上，特别是在科普宣传的问题上，我们既不能夜郎自大，也不能妄自菲薄。获大奖的优秀科学家有很多，在这方面我们要多做宣传。

第三，紧密联系实际，讲与老百姓有关的。我们的科技工作者、我们科协的学会究竟应注意做好哪些方面的工作呢？他认为，我们每一个人都应尽自己的努力多讲讲普通老百姓日常工作、生活中关心的事情，比如医学工作者讲讲医疗问题，谈谈养生之道和庸医误人，肯定会大受欢迎，因为我们毕竟是自己所从事领域的行家。还应重视宣传当代中国的科技实力。他到很多国家的实验室看了看，相比之下，我国的许多实验室是世界一流水平的，许多国际上没有搞的项目，我们搞出来了。一些实验室的成果国际利用率还是相当高的，吸引了一些外国学者及留学生来作访问研究或博士后工作，这说明我们的科研水平是有很大提高的。只是许多科学家做的事情外界不知道，这就需要我们很好地宣传一下。他说他不赞成一味宣传科技力量与国外有很大差距，让人产生美国的月亮比我们圆的错觉。差距是存在的，但我们也有许多与国外水平相当甚至超过他们的地方。

第四，结合专业，进行科普宣传。汪德昭身体力行，是我国院士群体中开展科普宣传工作的榜样。汪德昭早年撰写了《光电池》。1979 年 9 月 16 日，汪德昭为中央人民广播电台撰写了《声学与四个现代化》的广播稿。1982 年 8 月 25 日，他在《微机应用》杂志上发表了《充分发挥微处理机在科学研究中的作用》。1983 年他又发表了《普及微电脑技术为祖国四化建设服务》的文章。1987 年 12 月在全国海洋工程学术讨论会上，他深入浅出地阐明了声学与海洋开发的关系。特别是《声学与四个现代化》的广播稿，可以说是他结合声学专业进行科普宣传的范例。

汪德昭在广播稿中说：

> 声学是研究声波的产生、传播、接收和声波同物质相互作用的科学。它发展得很早，可以说有悠久的历史。我们的祖先对声学的发展曾经作出过重要的贡献。比如，早在公元前5世纪，我国就总结出“三分损益法”。“三分损益法”是指弦、管的长度加长三分之一，或者减去三分之一以后发出来的声音，听起来和原有的声音很和谐。16世纪朱载堉根据这种方法完成了十二平均律的计算，在世界上首先为音乐声学打下了理论基础，300年后受到德国物理学家赫姆霍兹等人的高

度评价。对于声的物理现象，我国也研究得很早，如共鸣、反射、混响以及波振动等，并且用到军事侦察、建筑和生产方面。如北京天坛公园里的“回音壁”、“三音石”和“圜丘”，都是运用声学原理的杰出建筑物。

在近代，科学技术的发展，进一步开拓了声学的应用天地，可以这样说，在现代社会，国民经济、国防建设、科学研究和日常生活的各个领域，没有不与声学发生联系的。我们知道声波在物质中传播的时候，具有独特的性质。声波的穿透能力比电磁波强，它能够穿透电磁波所不能穿透的物质。同时，声波的波长可以大到几十千米，小到原子的数量级，也就是说，声波包括很宽的频谱范围，从万分之一赫一直扩展到100万亿赫。因此利用声波不仅能从宏观上，而且也可以从微观上研究物质的结构。现在，人们把研究声波在物质中的传播的声技术，同电磁技术、粒子与物质相互作用的技术，并列为探索物质的三大技术。电磁技术（包括光学技术），可以用来探索物质的性质，最简单的例子就是X射线。粒子与物质相互作用的技术，如利用加速器，用一个被加速的粒子打一个原子，把它打开来，这也是一种探索物质性质的技术。另外一种就是声学技术，有很多东西，像激光，很先进，可到了水里，它就走不了多远；而到地球内部，它就毫无办法，根本进不去，或者进去很少。要研究海洋里面的情况，要研究地球内部的结构，恐怕声学还是唯一的手段。所以现在人们把声学技术列为探索物质性质的三大技术之一，是有道理的。

声学不仅与工业、农业、国防工业有广泛的联系，而且涉及基础科学研究的许多方面。大家知道，超声波的频率范围是2万赫到500兆赫，比超声波频率高的是特超声和特高超声，它们的频率范围在500兆赫到亿兆赫之间。当声波频率高达千兆赫以上的时候，传声物质会显示出明显的量子效应，在这种情况下声学从经典声学进入了量子声学。量子声学是声学和现代物理之间的重要桥梁，是打开微观世界的一把“声学钥匙”。它直接和超导、能谱、电介质、半导体、激光、晶格动力学、非晶态、磁学等挂钩。而用于特超声材料的新技术，又直接用到遥感和其他声学方面。有人说，物理学滋养着声学，声学又把新鲜血液献给物理学。我看这句话是有道理的。我们把特超声和高频单晶的体波材料结合起来，就可以组成超声显微镜，它的频率为100兆赫到1000兆赫。这种显微镜，能够诊断早期癌症，它观察到的癌细胞图像比光学显微镜要清晰得多，它还能对原有组织和活的组织进行观察。另一方面，超声显微镜的出现，必将促进微电子学的发展。特超声中的超导非平衡态方面的研究，意义很大，因为它的目的是认识超导机理，而一旦超导机理搞清楚了，就可能出现工业革命。声学和基础科学研究紧密相连的另一方面，是科学间的互相渗透。比如，人造的高能加速器，目前最大的只有4000亿电子伏，将来可能到10 000亿电子伏。但是，天然的加速器，就是宇宙射线带来的超高能粒子，它们的能量往往大于100万亿电子伏。这些超高能粒子打到海洋里面，打到比较深的水里，就产生声效应。这样，声学就为探讨超高能现象提供了一种新的手段。另一个例子就是，倍开西（即盖欧尔格·冯·贝凯希，Georg von Békésy）用声学方法研究听觉机理，也作出了杰出的贡献。他的工作是研究听觉神经是如何把声能转变成电能的这样重大的分子生物学课题。听觉的研究同视觉、嗅觉、感觉学科相比，更接近了生命科学的核心。至于声学同固体物理学的关系就更为密切了，最近十年来，在用声学研究固体的特性，探索声波同物质结构的相互作用，考虑声、光、相互作用等方面，都有明显的进展。

声学在国民经济中的应用非常广泛。超声无损检测，可以无损坏地探测金属材料内部的缺陷，用于检查一些大型钢管、铸件，要比其他方法优越。利用声波能量还可以进行加工处理，比如超声钻孔、超声焊接、超声清洗、超声乳化、超声雾化、超声医疗、超声种子处理等等，都是“四化”建设中不可缺少的新技术。还有次声，它具有传播距离远的特点，人们利用它的这一特点，不仅可以预报台风、火山爆发、地震、龙卷风等自然灾害，还可以用来侦察大气中的核爆炸，比较准确地测出爆炸地点和爆炸当量。

在国防建设中，更是离不开声学。在茫茫的大海中，要进行水下探测、侦察、通信、识别、定位等，靠无线电波不行，因为它在水里传不远。像在空气中使用的监视飞机的常规雷达，到了水里就无能为力了。最有效的手段是声学方法。声呐就是利用声波的水下雷达，又叫作水声雷达。有人把声呐说成是潜艇的“眼睛”和“耳朵”，是有道理的。在港口要道的水下，布设距离较远的大型声呐，就等于在门口布置岗哨，敌人的潜艇就不能偷袭了。

在硝烟弥漫的战火中，在坦克的轰轰作响中，在歼击机的轰鸣中，如何保证指挥员之间正常的通信联系，这里面都有很重要的声学问题。首先要设计一个隔声和吸声处理较好的环境，以降低噪声的影响；还要设计抗噪声的通信设备和通信方法，以保证准确的、不间断的联络。

声码器是一种可以把人的讲话直接变成数量较少的电码的装置。它根据语言特点，把人的讲话在发送端拆成零件来进行传送，到了接收端再重新装配起来。这样，在传送过程中，即使被人偷听了，人家也听不懂。

最后还要提到的是，现在世界各国对海洋的开发都非常重视，海洋里的那些取之不尽、用之不竭的资源，越来越吸引着人们对它进行研究和开发。声学研究同海洋开发的关系非常密切。随着海洋开发的日益发展，声学研究也会有更大的发展。

1995 年已 90 岁高龄的汪德昭院士，应邀在中央广播电视大学讲授“物理：当代物理前沿专题”，与杨振宁等著名专家向听众介绍当代物理的最新发展，讲课的讲稿正式出版后受到了读者的普遍欢迎，一版再版。

从以上举出的例子，可以看出声学对国民经济、国防建设和科学研究的重要作用。所以，我们说声学是和四个现代化密切联系的学科。我国声学家马大猷院士说得好：“没有声学，就没有四个现代化。”

三、无限眷恋

1992 年底，汪德昭院士在北京医院体检时，经过医生认真检查，被诊断患有结肠癌。当工作人员把这个不幸的消息告诉他时，他很镇定，并在是手术治疗还是保守治疗的方案中，为了不麻烦更多的人，果断地选择了保守治疗方案。

1998 年，年届 93 岁的汪德昭，因腿骨骨折住进北京医院，骨伤痊愈后，本来准备出院，但因为发烧 38℃，留在内科治疗。12 月下旬，虽经多方治疗，他仍然高烧不退。他在弥留之际，对柳天明说：“老柳啊，拿工作服来，我要做实验。”柳天明问：“在哪呢？”他指着窗户说：“就在那里。”1998年12月28日，人们敬仰和爱戴的汪德昭院士，是做着“实验”离开人世的！他满面红光，神色安详。

新华社沉痛宣告：我国著名的物理学家、国防水声事业的奠基人、中国科学院资深院士、中国科学院声学研究所名誉所长、中国声学学会名誉理事长、中国仪器仪表学会名誉理事长、中国共产党的优秀党员汪德昭同志，因病医治无效，在北京逝世，享年94岁。这是我国科技界特别是水声学界的重大损失。

汪德昭（摄于1998年4月）

八宝山革命公墓的大礼堂里，庄严肃穆，哀乐低回。汪德昭的遗体安卧在鲜花翠柏之中，上面覆盖着中国共产党党旗。人们洒泪与这位我国国防水声的科学元帅告别。中共中央总书记、国家主席江泽民，全国人大常务委员会委员长李鹏，国务院总理朱镕基，国家副主席胡锦涛，国务院副总理李岚清等，向这位人民的科学家敬献了花圈。全国政协主席李瑞环闻讯后，也打电话对其家属表示慰问。

在我们为汪德昭院士作传的时候，他虽然已经含笑九泉，离开了我们，但是他那德高望重的学识品格、和蔼可亲的音容和笑貌，却永远留在人们的心中。汪德昭院士在党和国家领导人的领导、支持和关怀下，开创的国防水声事业将与江河同在，与日月同辉；他与党和国家领导人之间情深似海的友谊，也将与历史同在，流传千古！

附 录

附录一　汪德昭：献出晚年的光和热*

我将一如既往，为了正在进行的伟大改革的成功，为了社会主义现代化的胜利，为了共产主义理想的实现，献出晚年的光和热。

——汪德昭

* 此文原刊于《百位著名科学家入党志愿书》一书。

一、汪德昭简介

汪德昭

汪德昭开创了中国国防水声学研究，组织和直接领导了有关研究工作，创建和发展了中国第一支水声科技队伍，为中国物理学研究、国防科技和科学事业的发展作出了突出贡献。

早在20世纪三四十年代，汪德昭已是一颗冉冉升起的新星，他以空气中大小离子平衡态为研究课题，据此成果写成的论文，通过博士答辩，被评为“最高荣誉级”。1945年，他荣获法国科学院颁发的“虞格”奖金——每年只发一次且只发一人。1955年4月，在爱尔兰首都都柏林召开的国际凝聚核学术讨论会上，他所创立的“关于大小离子平衡态研究”的新理论被定为“朗之万-汪德昭-布里加理论”。现在，这个理论已成为大气电学中的经典理论。

1956年底，汪德昭放弃了在巴黎的丰厚待遇以及事业、地位，携全家回到了祖国。回国的汪德昭在事业上表现出一个突出的特点：社会主义建设哪里召唤他，他就奔向哪里；而且都是全身心地投入，热诚认真地忘我奋斗。

起初，他在原子能研究所从事有关材料的研究。当时，发展国防水声学，建立起中国的“水下长城”——反潜探测系统，对中国是极为重要、具有战略意义的大事。汪德昭毅然接受任务，挑起这副从零开始、白手起家的重担。

汪德昭并没有片面追求自己在学术上的建树，而是根据国家需要，甘当“工作母机”，去遴选和培养国防水声科技队伍。为了解决人员来源问题，经过周恩来总理批准，从全国重点高校抽调了100名还差半年至一年毕业的优秀在校大学生，提前毕业分配到中国科学院，参加水声学研究工作，通过实践边干边学。汪德昭亲自为这些学生上课，并带领年轻人一点一点地研制实验设备。

经过汪德昭的悉心指导和热情培养，中国从无到有、逐步形成了一支群星璀璨的国防水声科研队伍，有些研究工作活跃在国际同类领域的前沿；当年被称为“青苗”的100人中，大部分已成长为枝繁叶茂的大树，有相当数量的人已颇负国际学术声誉。

汪德昭在战略上强调创造性，但在实际工作中，却非常强调脚踏实地，严肃认真，一丝不苟。有一个事例可以体现他的大将风度及严谨周全的科学态度。1960年1月根据中苏政府协议，两国水声学专家在中国南海进行考察。汪德昭自始至终领导参与此次活动。他要求科研人员填写日志作为记录；还组织苏联专家给青年讲课，把讲课内容编成讲义。中苏关系濒临破裂之际，苏联专家回国，并把上万米的记录考察数据的电影胶片带走。面对这突如其来的变故，汪德昭处变不惊，冷静沉着，及时设法把资料复制，再把原片还给苏方；然后组织力量把所有资料整理编写成八本考察报告，这是中国第一批内容翔实丰富、高水平的水声学研究报告。

根据这些资料，汪德昭计算了中国主要的几种声呐的最佳频率，提供给相关部门使用。他还指出了中国南海海域若干特殊的水声情况，并提出水下作战的建议措施，为国防建设作出了实实在在的贡献。

汪德昭根据中国海域的实际情况，制定了中国水声学“由近及远，由浅入深，由高到低，有合有分”的研究发展战略。几十年的实践证明，这一战略思想是行之有效的。他的雄心壮志是要在世界水声学研究这首“大合唱”中，我们中国声学研究至少要有几个方面处于“领唱”“指挥”地位。

“文化大革命”期间，他被关过“牛棚”、扫过厕所，花了无数心血建立起来的声学研究所被拆散了。直到1977年，汪德昭致信邓小平，请求恢复声学研究所，为国民经济、国防建设服务。在两年后的复所大会上，他仍被任命为所长。一年内，汪德昭带领全所完成了近50项科研课题，其中14项成果意义重大，年底声学研究所获得国务院的通令嘉奖。

20世纪70年代末，汪德昭自费从法国买回了微处理机全部零件，组装成中国第一台微处理机并很快应用于信号处理设备，使声学研究所以信号处理设备为核心的新技术研究进入了一个新的发展阶段。

同时，他还狠抓了水声换能器及材料的研究。由汪德昭直接领导的换能器研究室，研制成了凹型弯张换能器，在国际上处于领先地位。

通过这些工作，声学研究所对国防建设和国民经济建设都作出了直接贡献。正是因为这些新技术，中国第一台近岸水下预警系统得以诞生。在经济建设方面，利用水声自适应技术，很快就研制出了一种十分灵敏而别致的报警设备。利用声呐技术研制出的鱼探仪，不仅能搜索、跟踪鱼群，而且能在显示器上直观地指出鱼群的方位、距离和鱼群大小。研制的声学设备对港口建设、航道疏浚，以及铺设海底电缆等工程都能起到重要作用。

汪德昭是一位实验物理学家，特别重视实验技术，擅长动手做实验，要求科研人员学会自己动手；同时他又是一位非常重视基础研究和应用基础研究的科学家。他深知，没有雄厚的基础研究做后盾，是不可能更好地为声呐现代化服务的。声波的传播受海洋条件的影响很大，不进行大量的水声物理的理论和实验研究，就不能很好地设计与使用水声设备。因此，在他的指导下，声学研究所在水声学基础研究中取得了很多创造性的成果。不少著名国际水声学家表示，中国的水声研究可能仅次于美国，比苏联还强。美国高尔德公司国际电子部的总裁曾公开表示，“在浅海声场方面，最有发言权的是中国”。

汪德昭把自己半个多世纪从事科研工作的经验，归纳为“标新立异，一丝不苟，奋力拼搏，亲自动手”。标新立异，指的是研究工作一定要有创造性，不论是理论、实验、技术、方法还是工具，都应当有创造性。

汪德昭一生中发表的论著不算多，但他做的每一项实验，都比前人有所创新，因而每一篇论文都有自己的特点。他在审查研究生的论文时，不但要看选题、立论、实验、方法，就是对论文的遣词造句乃至标点符号，都要认真推敲、修改。汪德昭治学严谨，讲课生动，又擅长动手做实验，所以深受同学们的尊敬和爱戴。

汪德昭开拓了中国国防水声事业，制定了中国水声学的研究发展战略；为国家培养了一大批水声学研究人才；领导实施了水下预警体系，完成了多种国防和民用水声先进设备的研制，为海军装备现代化建设和科技事业的发展作出了突出贡献。

二、汪德昭的党员登记表

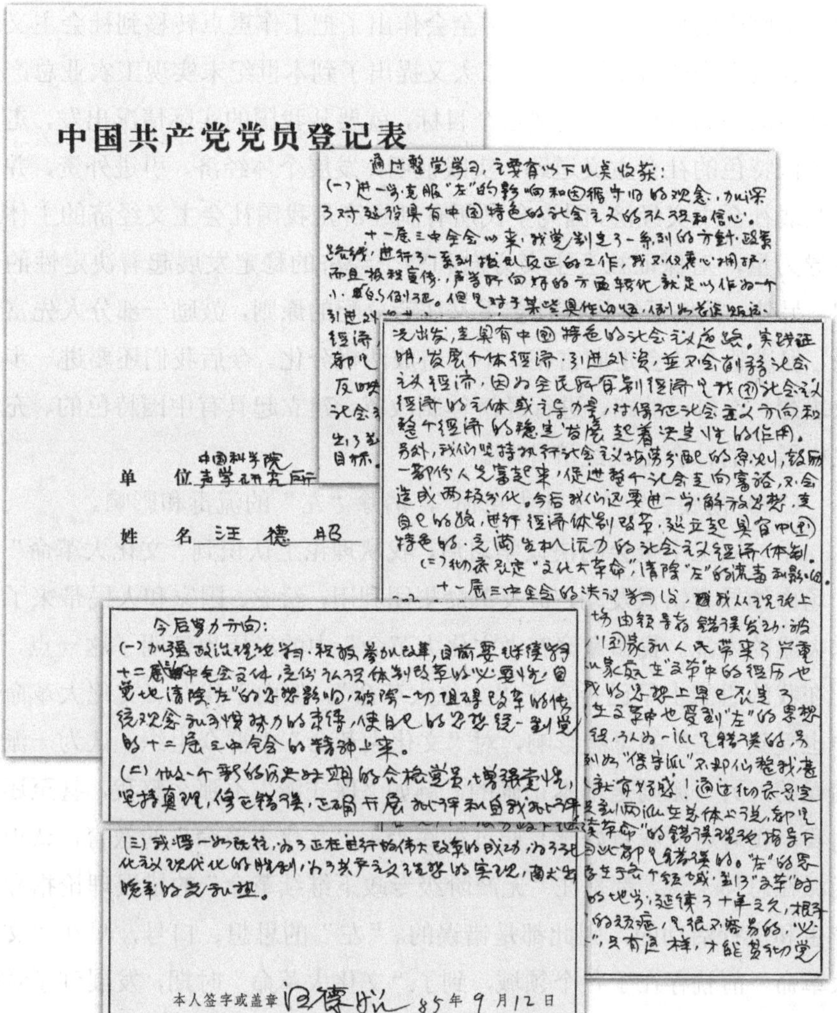

汪德昭的党员登记表

通过整党学习，主要有以下几点收获：

（一）进一步克服“左”的影响和因循守旧的观念，加深了对建设具有中国特色的社会主义的认识和信心。

十一届三中全会以来，我党制定了一系列的方针、政策、路线，进行了一系列拨乱反正的工作，我不仅衷心拥护，而且积极宣传，声学所向好的方面转化就足以作为一个小的例证。但是对于某些具体问题，例如长途贩运、引进外资等问题，也曾经有过疑虑，怕削弱社会主义经济，一部分人富起来，有可能产生两极分化。这些都是“左”的思想和因循守旧的观念在头脑中的反映。十一届三中全会作出了把工作重点转移到社会主义现代化建设上来的战略决策，十二大又提出了到本世纪末实现工农业总产值翻两番的战略目标。要实现这个目标，就要从我国的实际情况出发，走具有中国特色的社会主义道路。实践证明，发展个体经济，引进外资，并不会削弱社会主义经济，因为全民所有制经济是我国社会主义经济的主体或主导力量，对保证社会主义方向和整个经济的稳定发展起着决定性的作用。另外，我们坚持执行社会主义按劳分配的原则，鼓励一部分人先富起来，促进整个社会走向富裕，不会造成两极分化。今后我们还要进一步解放思想，走自己的路，进行经济体制改革，建立起具有中国特色的、充满生机活力的社会主义经济体制。

（二）彻底否定“文化大革命”，清除“左”的流毒和影响。

十一届三中全会的决议学习后，我从理论上认识到“文化大革命”是一场由领导者错误发动，被反革命集团利用，给党、国家和人民带来了严重灾难的内乱。我和家庭在“文化大革命”中的经历也证明了这一点，因此在我的思想上早已否定了“文化大革命”。但由于我在“文化大革命”中也受到“左”的思想影响，对“文化大革命”中群众组织，认为一派是错误的，另一派则是基本正确的。例如“保守派”不那么整我，甚至还同情我，我对这派就有好感！通过彻底否定“文化大革命”的教育，认识到两派在总体上说，都是在“无产阶级专政下继续革命”的错误理论指导下产生和进行活动的，因此都是错误的。“左”的思想、口号，早在“文化大革命”前就存在于各个领域，到了“文化大革命”时期，发展到了登峰造极的地步，延续了十年之久，根子深传播广，要根治“左”的顽症，是很不容易的，必须彻底否定“文化大革命”，只有这样，才能贯彻党的各项政策。

今后努力方向：

（一）加强政治理论学习，积极参加改革，目前要继续学习十二届三中全会文件，充分认识体制改革的必要性，自觉地清除“左”的思想影响，破除一切阻碍改革的传统观念和习惯势力的束缚，使自己的思想统一到党的十二届三中全会的精神上来。

（二）做一个新的历史时期的合格党员，增强党性，坚持真理，修正错误，正确开展批评和自我批评……以身作则，教育青年树立共产主义理想。

（三）我将一如既往，为了正在进行的伟大改革的成功，为了社会主义现代化的胜利，为了共产主义理想的实现，献出晚年的光和热。

附录二　答谢词和相关纪念文章

一、答谢词*

汪德昭

（1995年12月16日）

各位领导、各位同志、朋友们：

首先，我衷心地感谢中国科学院声学研究所，中国仪器仪表学会、中国声学学会，为我的生日举办了这样隆重、这样热烈的庆祝会。国家科委、中国科学院、中国科协以及有关机构的领导、科学家、好友特地发来的贺词、贺信和贺电，对我如此关怀，给我这样高的评价，我由衷地表示感谢。特别是中央书记处书记温家宝同志和其他贵宾们欲亲临祝贺，使我感动万分！这体现了党和人民对我国知识分子的深切关怀和巨大的期望。尊重知识，尊重人才，高瞻远瞩，深情似海，对此我受到极大的鼓舞和深刻的教育。党和同志们给我这样高的荣誉，我谨向领导和到会的全体嘉宾，表示诚挚的万分感谢！

本世纪初，在中国社会激荡不安、大变动的时代，我是抱着“科学救国”的热望，在日寇占领我国东北之后到法国学习和工作的。在中国抗日

* 此文为汪德昭院士在其九十华诞庆典上周光召院长致贺词之后的答谢词。

和反法西斯的神圣战争中，我坚定地站在人民一边。在历史的大跨度的背景下，我目睹了自己的祖国，在中国共产党的领导下所发生的一系列翻天覆地的伟大变化。积 90 年之经验形成了一个坚定的信念：只有社会主义能够救中国，只有社会主义能使中国繁荣富强。改革开放以来，举国上下，一片热气腾腾，我为社会主义祖国一个新的胜利接着一个新的胜利而无比欢欣鼓舞！

我是从事声学研究的科技工作者，长期以来，我对自己有一个严格的要求：在声学世界中，要最先和永远倾听人民的声音，这是责任，也是抱负，尽管我做得还很不够。现在我又听到“科教兴国”的伟大号召，我感到需要做和应该做的事情很多很多。我一定要加倍努力，全速前进，以报答党和人民对我的巨大关怀和殷切希望。

现在，声学战线形势很好，人才辈出，群星灿烂。我今天才 90 岁，精力相当充沛；我充满信心，一定要和声学战线的同志们一道去努力拼搏，奋发图强，以迎接 21 世纪更加辉煌的明天！

谢谢大家。

二、在庆贺汪德昭院士九十华诞学术报告会上的讲话①

声学研究所所长　侯自强

（1995 年 12 月 14 日）

今天，我们大家都非常高兴，欢聚一堂，庆祝汪先生九十华诞。我们今天从学术上来讲，参加这会恐怕四代到五代了，刚才我感觉汪先生这个讲话，气氛好像是非常温暖、祥和的大家庭。汪先生这番话我想大家都受益匪浅，确实我们从将近 40 年回想，汪先生开创水声事业以来，应该讲我们国家今天在水声方面，在世界上从我们所来看，相当部分进入了世界先进行列。我想不管从我们研究的课题、我们人员的水平、我们使用的工具还是我们的结果，我们不敢说全部但有一部分是达到了世界先进水平的。比如刚才张仁和同志讲我们最近几次的深海实验，我想恐怕和世界先进水平是最相近的水平，卫星浮标接收系统、全球卫星定位，全部是采用

① 根据录音内容整理而成。

新技术，而我们匹配的结果很好，我想这是一个。我们还有工程技术方面，刚才侯朝焕同志介绍的，我想也是世界先进水平。我想这些成绩的取得是和汪先生多年的教导分不开的。从我来看，一个是汪先生看问题，高瞻远瞩，我记得20世纪60年代初汪先生提出的“老鹰捕兔”的故事，你要抓兔子，你得先飞高，先看看兔子在哪里你再抓。我们所汪先生抓的项目都是属于世界前沿性质而又是国家所最需要的东西。所以，我们所抓项目出成果命中率是非常高的。我想我们可以统计，汪先生抓的项目都出了成果，而且都是有很高水平的。我想这点大家都很清楚，体会很深。

第二点，就是刚才汪先生讲的要么不做，要做就是要做到世界先进水平，这个标新立异的口号，就是今天这个口号还好一点，我们有了一定的基础，那么在当时，在60年代能够提出这个口号来，我想是不一般的。没有战略眼光是提不出来的，正是这么一个指导思想，使得我们所在各项工作中能够取得非常突出的成绩。我们一直在使用最新的技术——数字引用技术，这一点我的印象很深，微处理机出来时，早期咱们也拿不到，是汪先生自己用省下的钱在法国买的，所里微处理机的芯片最早是汪先生带回来的，所以，我们所的计算机技术、声呐数字化和计算机技术的发展，我想第一功劳应记在汪先生身上，这是讲的第二个问题，敢于使用最新技术，标新立异。

第三点，实事求是，严格的学术作风，汪先生刚才也讲了这个问题。你做的学术论文不能粗制滥造，都要根据实验严格要求，这也是汪先生从我们进所的第一天坚持让我们做的，我想这一点对我们全所特别对我们青年人来讲是非常重要的。

第四点，汪先生是一个非常出色的帅才，他能够把这个所的整体力量调动起来，能够组织集体的力量把任务完成，我们所做的很多大项目，很多大的军工项目，我们所做到了，这也是得力于汪先生非常优秀的组织才能，使得我们所打下一个非常好的基础，使得我们所能够形成一个强有力的战斗集体，这也是汪先生这么多年来打下的基础。虽然今年我们纪念汪先生九十华诞，我想我们要学习汪先生的这些精神和事迹。另外，今天国家面临深化改革，当前竞争是很激烈的，从现在（中国）科学院这几次开会的方针，我想也还是汪先生讲的话，在今天要立足于竞争的胜利，你做基础研究，你要做出世界先进水平，你要做应用研究，你就要能够解决实际的问题，能够创造出新的产业，解决国计民生发展的重大问题，中间状态是没有出路的，所以院里开会也是再一次明确绝对不花钱去扶持或维持中间状态，这个钱不花了，钱一定要集中起来。要不然你做基础研究做出世界一流水平，做应用做发展就是要解决国家发展中的问题，我想我们所这么多年一直在做这个事情。我想我们今天一起开这个学术报告会，庆祝汪先生九十华诞，要重温汪先生这些年来给我们的教导，这对于我们今后的工作会有很大的帮助。我也相信，在今后，我们国家的水声事业一定会像汪先生所期待的那样，能够得到更快、更广的发展。谢谢大家。

三、巨人身后的三位巨人
——纪念汪德昭院士一百周年诞辰

刘振坤

（2005 年 12 月 20 日）

在我们大家欢聚一堂，隆重纪念我国国防水声的科学巨人——汪德昭院士一百周年诞辰的时候，我很荣幸，在众多科学家发言的情况下，汪老百年纪念组委会让我说几句话。

我与柳天明同志应“二十世纪中国著名科学家书系”编委会之约，怀着十分崇敬的心情，命笔完成了《汪德昭》传记一书。在写作过程中，我们接触到大量史料。我们从中感受到：汪德昭院士是一位对世界物理科学的发展，对新中国的解放事业和新中国的科学技术事业的发展，有着双重贡献的科学家。汪德昭院士传奇而光辉灿烂的一生，给人以激励和力量。他的高尚品德和伟大贡献将永远铭刻在人们的心中。特别是汪老组织领导开创的我国国防水声事业，为从根本上解决我国“有海无防”的问题作出了科学贡献。联系到我国被人侵略的屈辱历史，第一、第二次鸦片战争和中日甲午战争，帝国主义无一不是凭着他们的坚船利炮，从海上打进我国的。我国创立的国防水声科学，成为我国海防的重要预警装备，我们强大的人民海军，保障了我国海防的安全。仅此，我想就应该给汪老一个大勋章，也应该给跟随汪老从事国防水声科研的科技工作者们记功！

汪老的成功固然与他的天分和勤奋，以及党的领导和广大科技工作者的努力密不可分。同时，在汪老成就伟大事业的道路上，背后还站着三位巨人，他们是：五四运动的学生领袖、我党的早期领导人、汪老的政治启蒙者赵世炎；世界科学大师、世界反法西斯反战争委员会主席、汪老的导师朗之万；我国著名的声乐教授、中国的伟大女性、汪老的夫人李惠年。

赵世炎在五四运动中传播的科学和民主思想，使童年的汪德昭接触了马克思主义的真理，科学强国思想使他走上了科学之路，同时在他世界观形成的关键阶段，对他树立正确的人生观和世界观，发挥了极其重要的作用，以至于影响了他的一生。“中国是人类未来的希望”“一个真正的科学家不能把自己关在象牙塔中。他负有社会责任，应对人类进步尽自己的义务”。汪老将导师朗之万教授的这些至理名言铭刻在心，使其成为鼓舞他勇往直前的不竭动力，并化作了自己的实际行动。在座的他的夫人李惠年教授悠扬的琴声里凝结的是坚毅和刚强。她与汪老声气相求，在汪老征途中所作出的每一次重要抉择中，都凝结着李惠年教授的理解、智慧和支持。汪老和李老志同道合、意气相求、风雨同舟、荣辱与共，相依相伴八十载。正如汪老生前深情地对李老说的：“我的功劳有您的一半！”

当前，13 万万人民正在以胡锦涛为总书记的党中央领导下，意气风发、斗志昂扬地为在 21 世纪实现中华民族的伟大复兴而努力。在这一新的历史时期，我国更需要钱学森、郭永怀、钱三强、赵九章、汪德昭、李四光那样的科学家，勇敢地去解决中国前进道路上一个个关系国计民生的重大工程科学技术问题，勇敢地去破解世界科学难题。也需要像赵世炎、朗之万、李惠年一样的巨人。我们有理由相信：有了他们的引领，我们民族的科学技术必然会走在世界的前列，也一定能够走在世界的前列；我们中华民族伟大复兴的目标必然会实现，也一定能够实现！中国就将像世界科学大师朗之万期望的那样，真正成为人类未来的希望，像灯塔一样照耀全世界！

四、纪念汪德昭院士一百周年诞辰

声学研究所所长　田　静

（2005 年 12 月 20 日）

2005 年 12 月 20 日，是中国科学院资深院士、声学研究所首任所长、著名物理学家、我国水声学事业的奠基人汪德昭先生一百周年诞辰纪念日。刘振坤、柳天明两位同志怀着对先生的无比崇敬，在收集、掌握大量史实的基础上，通过艺术的加工整理，写成了《汪德昭》一书，为后人了解先生的生平、缅怀先生的功绩、分享先生的情怀、继承先生的遗愿，留下了宝贵的精神财富。

学者楷模——献身祖国科学事业

德昭先生 1905 年 12 月 20 日出生于江苏省灌云县板浦镇。1913 年，进入北京高等师范学校附属小学接受正规的小学教育，1919 年升入北京高等师范学校附属中学，1923 年考入国立北京师范大学校预科。先生勤奋好学，成绩优异，于毕业前一年（1928 年）就被校长张贻惠破格聘为物理系助教，直到 1933 年出国。先生治学严谨，讲课生动，又擅长动手做实验，所以深受同学们的尊敬和爱戴。

1933 年，先生前往欧洲，先在比利时布鲁塞尔大学学习一年法语。翌年 6 月，到法国巴黎大学朗之万实验室攻读研究生。朗之万交给先生的第一个研究课题就是他毕生关注的“低空大气层中大小离子平衡态的研究”。在朗之万的指导下，先生经过周密的调查研究和分析，用人工方法创造了一个可以控制的环境，对大离子的半径、单位体积内的数目、迁移率等加以测定，并和朗之万一起推导出大离子的合成系数理论。1940 年，先生根据这项研究成果写出论文，通过了法国国家博士学位的论文答辩，被评议为“最高荣誉级”。

1939 年，朗之万推荐先生到法国国家科学研究中心第四研究组参加战时科学研究，初步接触水声技术，就在增大声呐的发射功率等方面的工作中取得成绩。此后直至 1956 年，先生先后任法国国家科学研究中心副研究员、专任研究员、研究指导等职，从事过大气电学、负光致效应、利用 β 射线控制造纸的厚度、液体对超声波的吸收、朗之万离子发生器、X 射线对超声振动状态压电晶体的衍射、RaD 转换电子的绝对强度、放射锕的弱能量 γ 射线、高灵敏度静电计和微量天平等方面的研究，都取得了很好的成绩，受到法国科技界的赞扬。在这期间，先生还先后兼任过法国石英公司顾问、法国原子能委员会顾问、英国同位素发展公司顾问等职。

1956 年，党中央发出“向科学进军”的号召，召唤海内外学子共同努力把祖国建成富裕、强盛的社会主义国家。先生虽已侨居法国 20 多年，但情系中华，在中华人民共和国成立前后，就曾经接触进步力量，多次帮助人民政府做过不少工作。1951 年在法国出现的第一面中华人民共和国国旗就是在先生的组织领导下升起的。如今得知祖国缺乏科学人才，先生感到应为祖国的进步贡献自己的一分力量，于是毅然放弃了在巴黎的丰厚待遇，以及事业、地位，偕同夫人和孩子，于 1956 年 12 月回到阔别了 23 年的北京。

回国之后，先生先任原子能研究所研究员兼室主任和中国科学院器材局局长；后经聂荣臻元帅推荐，出任电子学研究所研究员兼副所长，开始筹建中国国防水声学的研究工作，直至 1964 年声学研究所正式成立，担任所长和名誉所长直至去世。

由于先生的学术成就和在国内外科学界享有的盛誉，1957 年，他增选为中国科学院学部委员（后改称院士），并担任中国科学技术协会的荣誉委员，中国声学学会理事长，中国仪器仪表学会理事长，中国物理学会副理事长，中国海洋学会副理事长，中国海洋湖沼学会副理事长，国防科工委水声学领导小组副组长、顾问，国家科委海洋专业组成员等职。

先生 1945 年曾获得法国科学院颁发的“虞格”奖金；1981 年获法国声学学会的最高荣誉奖章——银质奖章；1983 年获巴黎市政府荣誉奖章；1991 年 8 月 30 日，又获得了法国荣誉军团军官级勋章。

先生于 1961 年加入中国共产党，曾当选为第二、第三、第四届全国人民代表大会代表，中国人民政治协商会议第五、第六届全国委员会常务委员，中国人民政治协商会议第七届全国委员会委员。

中国水声事业奠基人——开拓新中国国防水声和科学研究

德昭先生回国工作 40 多年，最突出的贡献是从无到有地开拓了我国的国防水声事业，把声学研究所建设成为享有国际盛誉的研究所。根据我国的实际情况，提出了“由近及远，由浅入深，由高到低，有合有分”的中国水声科研事业的发展战略，选拔、培养和有效地组织了一大批水声学研究人才，奠定了我国水声学研究和技术发展的学术及数据基础，高水平地解决了国家在水声学领域的一些迫切需求。

1. 培训骨干，组建机构

先生于1956年底回国后，开始在原子能研究所从事有关材料的研究。1958年初夏，被派往苏联进行水声学考察，以便组建并开展我国国防水声学研究队伍。当时，发展国防水声学，建立起中国的“水下长城”——反潜探测系统，对我国是极为重要、具有战略意义的大事。考虑到这一点，先生毅然接受任务，挑起重担。

从莫斯科考察归来，先生调任电子学研究所副所长兼七室主任，这个研究室就是国防水声研究室。这时，先生没有以追求自己在学术上的新建树为唯一价值，而是甘当“工作母机”，遴选和培养国防水声学研究的骨干力量。为了解决人员来源问题，经过周恩来总理批准，从全国重点高等院校抽调了100名还差半年至一年毕业的优秀在校大学生，提前毕业分配到中国科学院，参加水声学研究工作，通过实践边干边学。先生亲自为这些学生上课，组织人员编写和翻译教材，并带领年轻人自己动手研制实验设备。经过先生的悉心指导和热情培养，我国逐步形成了一支能够攻坚的国防水声科研队伍，有些研究工作活跃在国际同类领域的前沿。当年被人称为“青苗”的100人中，已经有相当数量的科研人员享有国际声望，有的已成为院士。

经过几年的筹备和充实，1964年7月1日，以电子学研究所的水声、空气声、超声三个研究室和此前建立的南海站、东海站和北海站为主体，正式成立了声学研究所，先生被任命为所长。

“文化大革命”期间，声学研究所曾经三次改变隶属关系。1967年划归国防科工委领导，1969年划归海军司令部七院领导，1970年10月声学研究所被拆散，水声部分划归国家海洋局，超声和电声部分划归中国科学院物理研究所。1977年8月，先生给邓小平同志写信，建议立即恢复声学研究所。邓小平同志采纳了他的建议，1979年1月，声学研究所恢复，先生继续担任所长，直到1984年。

2. 组织领导水声学考察，奠定发展基础

根据中苏两国政府和中国科学院的协议，中苏两国的水声学专家于1960年1月至3月，在我国南海联合进行了水声学考察。先生自始至终领导和参与了考察中的水声学实验。为了全面掌握考察进程，除了事先与苏

方共同商定考察计划外，先生还要求各研究组每天填写“科学考察活动日志”，主要内容是摘记每天执行的实验项目、内容、情况、参加人员等。这些日志的积累和统计，为这次考察活动留下了宝贵的记录。

先生注意利用一切机会培养青年人。考察期间，他组织苏联专家给青年讲课，后来又组织大家把讲课内容加以整理，编写成讲义，供学习参考之用。1981 年，先生与他的得意门生尚尔昌合作，把他们 30 年的研究心得写成了我国水声学的第一本专著——《水声学》。

由于中苏关系破裂，1960 年 3 月，参加考察的苏方科研人员按照苏联政府的要求毁约回国，并要把上万米的水声考察数据记录（电影胶片）带回苏联。在这突如其来的事件面前，先生沉着冷静，处变不惊，经过研究请示，派人先期回到北京将资料加以复制，而后把原片按协议交给了苏方。事后，又组织青年科研人员参加考察，花了半年时间，把这些资料整理完毕，编写成 1 本水声学的考察报告，这是我国第一批水声学研究报告。

在此之后，先生在 1965 年还组织并参加了我国北海的水声综合实验。1978 年，先生以 73 岁的高龄，亲自率领一批水声专家远赴西沙群岛海域进行我国首次的深海水声实验。

3. 提出了我国水声学研究的指导思想

根据考察资料和大量的前期工作，先生针对我国海洋技术发展和各种条件的实际情况，经过深思熟虑，于 1964 年提出了我国国防水声研究的指导思想应当是“由近及远，由浅入深，由高到低，有合有分”，即先开展近海、浅海的水声特征的研究，而后再向远海和深海延伸；先摸清和利用高频声场的传播性质，再向低频延伸；在海上的考察实验中，可以将多学科、多单位的合作考察与各个项目或课题的单项实验结合起来进行。将近半个世纪的实践已经证明，先生提出的这个指导思想是多么英明高远、行之有效。多年来，我们在浅海声场研究方面的许多理论成果在国际上处于领先地位，我们所研制完成的水声装备，不仅满足了国家在各个历史时期的战略需求，而且具有鲜明的海域特色。今天，面对国家新时期的新需求，面对国际声学的新发展，我们重温先生提出的战略思想，对于声学研究所的中长期发展规划和知识创新工程三期方案的制定，仍然具有重要的现实意义和指导意义。

4. 水声学基础研究和水声工程技术研究获得双丰收

先生是一位实验物理学家，擅长动手做实验；同时又是一位非常重视基础研究和应用基础研究的科学家。他深知，没有雄厚的基础研究做后盾，是不可能更好地为声呐现代化服务的。声波的传播受海洋条件的影响很大，不进行大量的水声物理的理论和实验研究，就不能很好地设计与使用水声设备。先生指导下的许多研究工作，如简正波过滤、简正波与射线声学的互换关系、浅海远程混响、小掠射角反射系数等在国际上都处于前沿地位，同时声学研究所在水声工程技术方面也是硕果累累：自行研制完成了我国第一台岸基声呐、第一台数字式潜用声呐、第一台靠岸声呐、第一个声自导系统等，而且都处于技术领先地位。1979 年，声学研究所受到国务院的嘉奖。1985 年，先生接受中国科学院“从事科学工作五十年”荣誉奖状。1988 年，获国防科工委授予的“献身国防科技事业”荣誉证书，1989 年被国务院侨务办公室和中华全国归国华侨联合会评为“全国优秀归侨、侨眷知识分子”，1997 年 10 月荣获年度何梁何利基金科学与技术进步奖。

真正的科学家——“对人类进步尽自己的义务”

1931 年，朗之万到中国讲学，在北京讲演中曾谈道：“一个真正的科学家不能把自己关在象牙塔中。他负有社会责任，应对人类和社会的进步尽自己的义务。”这几句富有哲理的话，对先生影响至深，成了他的座右铭。

1. 坚持正义，威武不屈

1937 年，抗日战争全面爆发，先生此时远在巴黎，无法直接抗击日本侵略者，便不遗余力地支持法国人民的反法西斯斗争。他知道，这也是对抗战中的祖国和人民的支持。

1940 年法国战败，德国法西斯占领了法国，抓走了先生的老师、世界反法西斯反战争委员会主席朗之万，投入巴黎的桑德监狱，只是慑于舆论，未敢对朗之万下毒手。维希傀儡政府也宣布取消朗之万的法国科学院院士的资格。这时，先生却偏偏把自己的论文寄给朗之万签署意见，而后在《法国科学院院报》上发表（这份院报规定只发表有院士推荐的文章），当时同在巴黎的钱三强也把论文寄给朗之万审阅，以扩大正义的声势。

朗之万入狱后，先生时时惦记着朗之万，每逢节日，总是想方设法给朗之万带去各种小礼物。有一年朗之万过生日，先生还特意送去一尊中国的“老寿星”。朗之万 1942 年 1 月 9 日写信对先生说：“……你所给予我的真诚友谊和珍贵物品，正在帮助我度过这漫长的流放生活，特别是你的友谊是我永远可以依靠的……”

2. 标新立异，一丝不苟，奋力拼搏，亲自动手

先生把自己半个多世纪从事科研工作的经验，归纳为“标新立异，一丝不苟，奋力拼搏，亲自动手”这样四句话。先生认为，搞科学研究最要紧的是标新立异，但标新立异也不是随心所欲，必须踏踏实实、一丝不苟地做，一点都不能马虎。另外，要奋力拼搏，为了祖国的强大、人民的幸福，要拼命地干。声学作为一门实验科学，许多新的想法、新的概念需要自己亲自动手去验证和实现。

先生一生中发表的主要学术论文有 50 多篇，做的每一项实验，都比前人有所创新，每一篇论文都有自己的特点。先生发现有的科研人员只追求论文的数量，做了一点儿工作，却可以写出 3 篇、4 篇甚至 5 篇文章，感到非常不安，于是马上发表了“八点意见”，指出科学家应对社会负责任，写学术论文应当强调创造性，而不能玩弄数字游戏，对一篇科学研究论文加以改头换面、乔装打扮，变成好几篇论文，这种做法是不道德的。

先生在战略上强调创造性，但在实际工作中，却非常强调脚踏实地，严肃认真，一丝不苟。先生在审查研究生的论文时，不但要看选题、立论、实验、方法，就是对论文的遣词造句乃至标点符号，都要认真推敲、修改。

先生还特别重视实验技术，要求科研人员学会自己动手。1982 年 7 月，在声学研究所研究生座谈会的发言中，他对研究生们讲的第一条意见，就是要求大家必须重视实验技术，培养自己动手的能力。对于这一点，先生深有体会。1948 年，先生曾为法国原子能委员会设计研制了可以测量 1000 个电子电荷的高灵敏度静电计，以及微量天平，得到国外著名科学家较高的评价。其中，高灵敏度静电计被命名为“居里-汪氏型”。1941 年，伊蕾娜·约里奥-居里使用的一台德国造的静电计坏了，因战争无法再买新的，影响到研究工作，请先生帮助修理。虽然先生并没有修理过静电计，但经

过细心琢磨，用1个月的时间，终于设法把直径仅1微米、肉眼几乎看不见的白金丝，焊在小小的铜柱上，使居里的研究工作得以顺利进行。自此，先生修理仪器的声名大噪，不少科学家都来请他帮助修理当时战争状态下无法找到备用品的科研仪器。直到1991年8月，法国政府科学研究与航天部部长于贝尔·居里安来华代表法国政府向先生授勋时，在贺词中还提到了这件事，盛赞汪先生具有一双巧手，并说："汪（德昭）是当时法国能做这项工作的唯一的人。"

今天，声学研究所的后来人已经把先生的这四句话，正式确定为声学研究所的所训。

在德昭先生九秩华诞之际，温家宝总理曾经送给他两句话表示祝贺："九秩已立千秋业，百年将骋万里途。"今天，在建设小康社会宏伟目标的新时期，面对建立国家创新体系的新任务，我们纪念先生百年，就是要缅怀先生为国家、为人民、为社会作出的贡献，感谢他为国家的声学事业和声学研究所的发展奠定的良好基础。同时更重要的，也是为了回顾和弘扬先生以科学真理为毕生追求，以国家和人民的事业为个人理想的世界观、价值观、人生观，学习他兼容并包、海纳百川的胸怀，严谨求实、一丝不苟的治学态度，高瞻远瞩、雄鹰捕兔的战略思维方法，甘为人梯、提携后进的无私奉献精神。在先生奠定的我国声学事业的良好基础之上，借知识创新工程之东风，在建设小康社会、和谐社会的征途上快马加鞭，为声学研究所的发展，为在声学和数字信号处理领域，能够满足国家需求，解决国家问题，代表国家水平作出持续不断的、不可替代的创新贡献。

五、爷爷永远活在我的心中*

新浪网首席执行官（CEO）汪延

（2005年12月20日）

尊敬的各位院士、尊敬的田静所长，各位来宾，大家上午好！

此时此刻，我站在这里，心情异常激动，因为我刚刚代表爷爷，为获得了汪德昭奖金的青年才俊颁了奖，这是我莫大的荣幸。同时我也特别羡

---

* 此文为汪德昭的孙子汪延在纪念汪德昭院士一百周年诞辰活动上的讲话。

慕爷爷，因为即使在过世以后，他仍然能为他所热爱的科学、为他毕生奉献过的声学事业尽一份力，我想他现在一定正在天上朝我们得意地、憨憨地、傻傻地微笑。

今天将是我一生中最难忘的一天，不仅是因为今天是我最敬爱的爷爷的百年诞辰之日，更是因为我能在这里，以这样一种方式为爷爷庆祝百岁生日，表达我对爷爷的想念。在此，我代表我奶奶、我父母以及我们全家，对中国科学院和声学研究所的各位领导、今天在座的各位来宾表示最真挚的谢意。

爷爷生在乱世，求学海外，成才于法国。中华人民共和国成立后，爷爷响应周总理的号召，以年过半百的年龄，率全家毅然回国，献身新中国的科学事业。是国家和人民给了爷爷一个广阔的事业发展平台，使爷爷能在关键的科学领域发挥他的才华，卓有建树，成为国防水声学的奠基人。国家和人民又给予他极高的荣誉，使他能安享晚年，健康幸福地活到九十四岁高龄。在这里，我想替爷爷谢谢声学研究所的领导和同事们，因为你们不仅在我爷爷生前是他的好同事、好朋友，你们一起创建了一个愉快、和谐的工作环境，使爷爷能在声学研究所工作的这三十多年做出一些成绩；而且你们在他过世之后，依然是他的好同事、好朋友，依然用你们的友情和爱心去关心、照顾他的家属，还在他百年诞辰之日为他举办这么隆重的纪念活动。作为一个晚辈，我为爷爷能有这么多的好同事和好朋友而感到骄傲。爷爷的一生不乏精彩，也充满坎坷，但爷爷的一生更充满温情，因为有你们！

由于父母一直在法国工作，我从小便跟爷爷奶奶一起生活。可以说父母给了我生命，却是爷爷奶奶给我这个生命赋予了灵魂，特别是爷爷，他对我的整个成长，对我的性格、好恶和人生观的形成都起了至关重要的作用。

记忆中，爷爷最喜欢把熟人请到家里做客，客人中有所里的同事，有从北海站、东海站、南海站出差到北京来抽空看望爷爷的学生，还有国外来的好朋友。我喜欢爷爷的大嗓门，实在是太洪亮了，以至于客厅大门紧闭，我也能清晰地听到爷爷侃侃而谈，虽然我一点都听不懂他们在说些什么，但我知道他们常常谈一些要亟待解决的麻烦事。从爷爷的谈话中，我听得出抑扬顿挫，听得出生动、形象的比喻，更听得出诙谐与风趣。不管事情有多严肃，他总能让谈话对象开怀大笑。长大以后，我发现我特别能说，特别是在跟严肃的人说话的时候，无论是政府官员还是商业客户，我总是要尝试着把他们逗笑。

每次畅谈之后只要到了饭点儿，爷爷总要固执地挽留客人吃饭，其实爷爷并不一定真是想留客人在家里吃，他特别希望借着这种机会拉着奶奶和我去海淀街上的饭店吃烤鸭。爷爷就好这一口，而奶奶经常能找出不同的理由拦着他不让他出去下馆子，说他从在巴黎的时候就把大把的工资捐给饭馆了，可是一有客人在就不同了，奶奶想拦也没法拦呀，再加上爷爷的嘴非常甜，总是当着客人彬彬有礼地吹捧奶奶："惠年是我的贤内助，我的成绩里有她的一半儿，今天咱们也别麻烦她在家里做了，就一起出去吃顿便饭吧！"只要客人没办法推脱爷爷的盛情邀请，奶奶就赶紧去厨房取三个空饭盒，好把吃不完的打包带回来。我和我爸都特别馋，喜欢隔三岔五地请三两知己到家里来吃饭，或者就是下馆子，总是把饭店当成和朋友沟通感情和思想的好场所，或是在品味佳肴的时候解决棘手的问题，我想这也是遗传。

如果客人真的有急事儿，没留住，走了，我就只好安抚一下刚才还很兴奋的心情，咽咽口水，和爷爷奶奶在家里吃饭。家里的饭桌对我来说不是最痛苦就是最生动的课堂，爷爷的严厉和爷爷的才华横溢在很大程度上是我在我们一家人吃饭的时候体会到的。首先是严厉的管教。从小我让爷爷最愤怒的，莫过于我不遵守各式各样的礼仪，用餐礼仪就是其中最为重要的一个组成部分。这也许是跟他从小在大家庭中所接受的传统礼教和后来他在法国30年所养成的绅士举止分不开的。直到今天，我每次一落座饭桌前，不管是家里的饭桌还是餐馆的饭桌，耳边还仿佛清晰地响起爷爷从另一个世界传来的声音："站有站相、坐有坐相，把身子坐直了。""把两只手都放到桌面上来。""不要狼吞虎咽。""把芹菜吃了，不许挑食。"古人云："食不言，寝不语"，他让我"食不言，寝不语"，可他自己在饭桌上却总是滔滔不绝，抓紧每天两次30分钟吃饭的机会，跟我讲天文、地理、历史、政治，特别是讲对巴黎的回忆和告诉我应该怎么真诚待人。估计每次吃饭他都会意识到，这孩子天天长大不仅需要食品中的营养，还需要给他灌输更多的精神食粮。我则静静地咀嚼着嘴里的饭菜，竖着耳朵听。可有的时候我也会放下筷子，咽下嘴里所有的东西，大声地打断他，和他据理力争，辩论到底。如果我胜利了，那个倔老头儿也会蛮不讲理地把筷子砸在饭桌上，吼道：“我不吃啦！”然后起身而去。奶奶就会在一旁唠叨：“你这孩子跟你爷爷一个脾气，非要打破砂锅问到底。”今天我和夫人、孩子一起围坐在饭桌前吃饭的时候，闪念间常常希望能和爷爷再吃上一顿午饭，让他再矫正矫正我吃饭的姿势，再听他讲讲为什么共产党会打败国民党。可当我看见自己的两个孩子用手抓着食物，在桌前打闹着，一下子又回到了现实中来，心想：从明年起该我教育他们了。

长大一点儿以后，我才发现除了我，我奶奶也特别喜欢听我爷爷说话，当然不仅是柔情的话，而是在客厅外听爷爷和客人讲话，或者是悄悄听爷爷和别人通电话。奶奶好像特别有自己的主张，因为他听爷爷说话的时候，自己嘴里也总是嘟嘟囔囔的，仿佛对我爷爷作出的决定常常颇有微词。但是奶奶从来不会当着别人打断爷爷，而是在客人走了以后或者电话挂了以后向爷爷大胆“建言献策”：“德昭，你总是得罪人。”“你别再答应看论文了，你那眼睛越来越肿了。”“你别再管上中关村中学的事儿了，学校都对你有意见了。”“那个会你就别去了，回头又激动，贾大夫说了，你血压高”……面对这些，爷爷的回答永永远远只有一个：“惠年，你别拖我后腿，行不行？”渐渐地，我开始明白那不是爷爷不把奶奶放在眼里，而是在考虑问题的时候把自己的得失置之度外的气魄。所以我从小脑海中就铭刻着男子汉大丈夫就是要先天下之忧而忧，后天下之乐而乐……

如果说今天我在事业上取得了一点成绩，能成为一个对社会有用的人，我想这当然要感谢我的妻子，但更多是得益于从小爷爷对我的教诲。

爷爷首先让我知道作为一个中国人，无论何时都要把自己的祖国放在第一位，无论何时都要记得“天下兴亡，匹夫有责”，都要记得他的恩师、法国著名物理学家朗之万先生的一句话：“一个真正的科学家不能把自己关在象牙塔中。他负有社会责任，应对人类和社会的进步尽自己的义务。”他一直教导我，一定要为推动社会的进步而工作。虽然我没有从事科学研究工作，更没有像爷爷那样参与国防工作，但即使我在做新浪网的时候，我感到肩上最重的使命，是新浪网所背负的社会责任，如何在社会责任和经济效益之间找到一个最佳的平衡点，是我担任新浪CEO面临的最大挑战。上个月在广东中山举办的博鳌文化论坛上，我演讲的主题就是新浪作为中国最大的门户网站所应担负的社会责任和文化责任。在中国诸多的网站中，有人评价说新浪是最富社会责任感的。我们不仅发挥网络媒体强大的影响力，推动和支持社会公平、公正、和谐地发展，唤起国人的公民觉悟，积极投身祖国的各项建设；而且还更直接投入环保、救助社会弱势群体等多项公益事业，在行业中带头履行一个优秀的企业公民应尽的职责。我想这与我本人、与爷爷对我的影响是分不开的。

在我的心目中，爷爷永远是那么执着、乐观，熟悉他的人都知道，他遇到困难的时候比以往任何时候都更加谈笑风生。他常常开玩笑说，他的两只耳朵有一只是好的，有一只坏了，所以好消息他用好耳朵听，坏消息就用坏耳朵听，这样他永远心情舒畅。一旦认准一个目标，无论遇到多大的困难，爷爷都不会放弃自己的理想和信念，包括“十年动乱”。“文化大革命”中的一段时间，他被分配了打扫声学研究所办公楼公共厕所的工作，虽然我没有亲自见过，但是据他自己说，他尽职尽责地完成了这项工作，不仅厕所打扫得干干净净，还在男厕所的小便池上方贴出了“敬请垂直入射”的告示。正是爷爷的这种执着精神培养了我坚定、不服输的性格。新浪是我的第一份工作，从1995年创业开始一头扎进去，期望为中国社会带来一个新型的媒体，一晃整整十年过去，我们的梦想成功地实现了。记得在刚刚创业的时候，爷爷还健在。一次新产品成功上线之后，我兴奋地把我的中学同学、我的共同创业伙伴、今天新浪的总工程师李嵩波请到家里来吃晚饭，爷爷见我们洋洋得意，脸上堆满了抑制不住的笑，自然也被感染得喜出望外。茶余饭后，他却意味深长地冒出了一句：“如果你们真的要把事情做下去的话，不仅做出了成绩应该这么高兴；以后遇到了困难和麻烦，也要记住保持这种高兴的心情。”在那之后不久，爷爷就永远地离开了我们，互联网的大起大落也随之而来。在风风雨雨中，无数人倒下，但我们从来没有丧失对新浪的信心和对互联网的信心，坚持着自己的目标，并为之持续努力，爷爷的教诲，使我坚持到了今天，我多希望爷爷能看到今天的互联网，看到今天的新浪。

爷爷是中国老一辈科学家中典型的一员，中国科技界的多数老知识分子，特别像中国科学院的老专家们，还有今天在座的许多院士，都有着这样共同的经历和品德。他们不但为中国的崛起贡献了自己的智慧和力量，更为我们、为后人留下了一份独特的精神财富。所以今天的这个纪念活动，其意义更在于告诉我，告诉我们这一代人，无论何时，对祖国的热爱和对科学的无私奉献，都是成功最基本的条件。人的寿命是有限的，而人的精神却可以永恒。

今天我们的国家正处在一个关键的发展时期，和平崛起的历史机遇及我们与发达国家的差距、社会转型时期和谐相处的复杂与困难、国际化带来的矛盾和压力、经济发展与文明建设的协调发展都交织在一起。这是一个同样需要精神、需要奉献的时代，我们这一代人与我们的前辈肩负了同样的历史使命和社会责任。

再次感谢中国科学院和声学研究所举办这样一个活动，能让中国老一辈科学家所具有的光荣品德发扬光大，通过缅怀中国老一辈科学家的时代精神，来激励和陶冶后人。这种精神，同样是我们这一代人所需要的支柱。相信有了这种精神，我们可以超越我们的前辈，为中华民族的伟大复兴事业作出更大的贡献。

作为晚辈，作为一个在中国科学院家属大院长大的孩子，我在这里祝愿我们的院士们、科学家们健康长寿，祝愿我国的声学事业兴旺发达，祝愿中国繁荣富强，早日成为科学强国。

最后，再次代表我的奶奶、我父母以及我们全家对中国科学院和声学研究所的各位领导、同事，对今天到会的各位朋友表示衷心的感谢。

谢谢大家！

六、微笑，在浪花丛中绽放*

郭曰方

你把一生的理想
都交给了海洋
交给了风浪
探听水声的传播
研究声波的聚合
观察鱼群的方位
探测潜艇的动向
你用警觉的神经

---

* 此为郭曰方为纪念汪德昭院士一百周年诞辰作的诗。

和敏锐的目光
捕捉声道声场的变幻
你用科学家的责任
和献身精神
在万里海疆
为祖国织成了一幅
幸福安康的天罗地网

是的，你热爱大海
有大海一样宽广的胸怀
你向往蓝天
有蓝天一样辽阔的梦想
多少次花开花落
多少次潮落潮涨
多少次披星戴月
多少次劈波斩浪
你的目光 在大海深处延伸
你的微笑 在浪花丛中开放
让中国的水声科学走在世界前列
使祖国的海防前线成为铁壁铜墙
虽然 你已年逾古稀
尽管 你已白发苍苍
依然 一次次踏上远行考察的航程
随着海鸥起舞
伴着浪花歌唱
在惊涛骇浪中谱写科学的礼赞
在狂风骤雨中弹奏生命的交响

你淡泊名利
曾主动请辞国家海洋局的领导职务
却把国防水声学攻关的重担

挑在了自己的肩上
你说 我们共产党人
不是为了做官
一位科技工作者
他的最大愿望
是把国家的水声研究搞上去
为实现科学技术的现代化
贡献自己的全部力量
啊 何等炽热的爱国情感
何等崇高的献身精神
对科学的追求
对人生的信仰
被你诠释得这样深刻透彻
被你阐述得这样清净明亮
的的确确 在科学攀登的途中
你不仅身先士卒
向着光辉灿烂的峰巅挺进
而且 在人生漫长的旅途上
你也无私无畏为后人
树立了永远学习的榜样
跟随着你
我们懂得了怎样走路
怎样做人
怎样插上坚强的翅膀
去穿越风雨雷电和狂风恶浪
向着明天
向着希望
向着太阳升起的地方飞翔

附录三　汪德昭年谱

1905 年

12 月 20 日，出生于江苏省灌云县板浦镇。

1913—1919 年

在北京高等师范学校附属小学读书。

1919—1923 年

在北京高等师范学校附属中学读书。

1923—1929 年

在国立北京师范大学校物理系读书。

1928—1933 年

在国立北平师范大学担任吴有训教授助教。

1933 年

4 月 22 日，与李惠年结婚。

1933—1934 年

到比利时布鲁塞尔大学深造。

1934—1940 年

在法国高等物理与工业化学学院学习。获得法国奖学金。在朗之万教授的指导下，完成了大气电学和超声等方面的一系列研究。他的毕业论文《用 X 射线或放射物质研究气体中悬浮质点的电离》被评为“最高荣誉级”，获得法国国家博士学位。

1938—1956 年

在法国国家科学研究中心做科研工作，历任研究员、专任研究员、研究指导等职，并在居里夫妇的镭学研究所任职。

1939—1940 年

为法国国家科学研究中心国防第四研究组组员（第二次世界大战期间唯一的外籍科学家）。

1945 年

因为在大气电学方面的贡献，被法国科学院授予“虞格”奖金。

1946 年

参加第六届国际应用力学会议；参加在法国巴黎召开的第一届联合国教科文会议；参加在伯尔尼召开的瑞士文化协会学术会议。

1947 年

特邀参加卢斯福逝世十周年纪念会。

参加在巴黎召开的国际纯粹与应用物理学联合会（IUPAP）会议。

1947 至 1948 年

任法国原子能委员会顾问，研制出“居里-汪氏型”高灵敏度静电计。

1947 年 7 月

偕夫人李惠年教授在巴黎接待国民党高级将领、姨父卫立煌及姨母韩权华。

1948 年

回国任东北“剿总”的少将副秘书长兼办公厅主任。

1951 年

重回巴黎，在我国驻瑞士大使馆的领导下，任巴黎学生会会长，声援抗美援朝，并在巴黎升起第一面五星红旗。

1952—1956 年

在法国期间，参加中国科学工作者协会及全法中国科技工作者协会。

1955 年

在爱尔兰都柏林召开的国际凝聚核学术讨论会上，他所创立的“关于大小离子平衡态研究”的新理论，被国际学术界称为“朗之万-汪德昭-布里加理论”。

1956 年底

回国参加社会主义建设，受到周恩来总理的接见。

1956 年

任原子能研究所研究员兼室主任，兼任中国科学院器材局局长。

1957 年

增聘为中国科学院数理学部学部委员、一级研究员。

1957 年

参加原子能代表团赴苏联访问，随中国科学院院长郭沫若赴斯里兰卡参加国际科学理事会会议。

1958 年

参加水声代表团赴苏联考察，任电子学研究所副所长兼七室主任。

1959 年

组织并参加中苏联合水声南海考察。

1960 年

根据中国南海海区的水声参数，计算出中国现役某些声呐的作用距离，为实践提供了重要的准确计算。

1961 年

加入中国共产党。

1963 年

任电子学研究所学术委员会主任委员。

1964 年

任国防科工委水声领导小组副组长。

1964 年

主持召开第一届全国声学学术会议，提出我国国防水声“由近及远，由浅入深”的科研方针。

1964 年

成立声学研究所，任所长。随张劲夫副院长访问朝鲜。

1972 年

为国家海洋局水声物理研究所核心领导小组成员，率团参加英国海洋科学会议；赴法国参加朗之万一百周年诞辰学术会议。

1973年

参加国际海洋法日内瓦防污工作组会议。

1974年

率技术代表团访问日本。

1975年

参加海水淡化代表团赴日内瓦访问。

1977年

8月10日，致信邓小平副主席建议恢复声学研究所。

1977年

8月24日，邓小平批示："我看颇有道理，请方毅同志研究处理。八月二十四日。"

1978年

恢复声学研究所，任所长。成为联合国教科文组织总干事姆博的"科学与技术知名科学家小组"成员。

1978年

时年73岁，亲自率队到西沙群岛进行我国首次深海水声实验，标志着我国水声研究进入了一个新的时期。

1979年

主持恢复研究人员职称，提拔第一批副研究员。并以新提的学术带头人为骨干成立12个研究室，进行"五定"：定方向、定任务、定课题、定人员、定设备。为声学研究所的蓬勃发展做了思想、干部和组织准备。

1979年

提出声学研究所工作"二十条"，强调科学管理和面向国家经济建设。

1979年

任中国声学学会理事长、声学研究所学术委员会主任。赴法国参加爱因斯坦一百周年诞辰纪念大会。参加联合国教科文组织总干事姆博的"科学与技术知名科学家小组"会议。赴奥地利参加联合国教科文组织总干事应用会议。任中国仪器仪表学会理事长。

1980年

当选北京市海淀区人大代表。

1981 年

与学生尚尔昌合著的《水声学》一书出版，总结了我国 20 年水声学研究的部分成果。

1981 年

率中国声学代表团赴法国考察访问，并接受法语区声学家协会颁发的最高荣誉奖章——银质奖章。

1982 年

任中国声学学会名誉理事长，4 月赴法国参加联合国教科文组织政府间海洋学委员会专家咨询评议会。

1982 年

倡导创办中关村中学，并任名誉校长。

1983 年

应法国总统密特朗邀请访问法国，并接受巴黎市政府授予的荣誉奖章，3 月赴法国参加联合国教科文组织第三次咨询小组会议。

1984 年

辞去声学研究所所长职务，任名誉所长。

1985 年

接受中国科学院“从事科学工作五十年”荣誉奖状。

1986 年

由其主编、赵克勇编订、关定华校订的《法汉水声学词汇》一书出版。

1987 年

任留法同学会理事长。

1988 年

获国防科工委授予的“献身国防科技事业”荣誉证书。

1989 年

被国务院侨务办公室和中华全国归国华侨联合会评为“全国优秀归侨、侨眷知识分子”。

1990 年

倡导在北京召开了国际海洋声学研讨会。发起单位有：联合国教科文组织政府间海洋学委员会、中国科学院、国家海洋局和中国科学技术协会。有 10 个国家和地区的 60 多位海洋声学学者到会。

1991年

8月30日，荣获法国荣誉军团军官级勋章。

1992年

任第十四届国际声学会议（在北京召开）顾问委员会委员。

1997年

主持在北京召开的第一届国际浅海声学会议开幕式。10月荣获1997年度何梁何利基金科学与技术进步奖。

1998年

12月28日，在北京医院病逝，享年94岁。

附录四　汪德昭主要著述目录

鲍小琪，徐其昌，汪德昭. 1983. 压电换能器的振动和声辐射. 中国科学（A 辑：数学物理学 天文学 技术科学），5：438-446.

光栅型光纤水听器. 1983. 水声通讯，2：58-61.

马大猷，汪德昭，郭永怀. 1960. 涡旋管分离机的初步理论. 原子能研究.

汪德昭，张仁和. 1993. 海洋气候声学测温计划. 科技导报，6：30-32.

汪德昭. FEI 法解无限大介质中任意弹性结构体的声散射. 1985. 第四届全国声学学术会议论文摘要，A2.13：18.

汪德昭. 国外水声学进展. 1973. 水声学术交流会论文摘要：1-2 甲 1.

汪德昭. 海洋生物声散射研究的应用. 1979. 第二届全国声学学术会议论文摘要，A1.25：17.

汪德昭. 声学所水声学研究进展概况. 1987. 数学物理学部会议报告（摘要）. 无锡.

汪德昭. 水声学研究二十年进展（综述）. 1982. 中国科学院声学研究所论文集.

尹爱国，陈守六，汪德昭. 1991. 渐变型声纤波导的理论研究. 仪器仪表学报，2（1）：54-60.

章力明，徐其昌，汪德昭. 1988. 光纤偏振型声传感器. 仪器仪表学报，9（1）：3-8.

郑肇本，黄曾旸，汪德昭. 1984. 用极点方法识别水下目标. 物理学报，33（4）：538-545.

Action des rayons ß de ^{204}T1 et de ^{90}Sr sur les films photographiques ordinaires. 1953. Comptes Rendus Hebdomadaires des Séances de l’Académie des Sciences, 237: 800-

802.

An analysis of acoustical scattering from elastic obstacles by finite and boundary element combination approach. 1987. Acta Oceanologica Sinica, 6(4): 622-630.

Anomalous sound propagation in shallow water due to internal wave solitons. 1993. “OCEANS ‘93 Engineering in Harmony’ with the Ocean” Proceedings, 1: 87-92.

Expéfience et remarques sur la photophorése. 1952. Comptes Rendus Hebdomadaires des Séances de l’Académie des Sciences, 234: 1542-1544.

High frequency internal waves and acoustic fluctuation in the shallow water thermocline. 1990. Proceedings of International Workshop on Marine Acoustics, Beijing: 3-10.

Important issues in modern underwater acoustics. 1994. Proceedings of International Workshop on Modem Acoustics, Nanjing University.

Intensité absolue des électrons de conversion de RaD. 1943. Comptes Rendus Hebdomadaires des Séances de l’Académie des Sciences, 217: 535-537.

L’influence des ultrasons sur la diffraction des quartz par les rayons X. 1943. Cahiers de Physique, 18: 55.

Sur la formation des gros ions dans les gaz en fonction de la grosseur, des particules en suspension. 1939. Comptes Rendus Hebdomadaires des Séances de l’Académie des Sciences, 208: 271-273.

Sound fluctuations and internal waves in shallow water. 1982. Proc. of 10th I. C. A.， Sydney.

Spatial coherence in multipath underwater acoustic channels. 1992. Proc. of 14th I. C. A., Beijing: B5-1.

Sur l’absorption des ondes ultrasonores par le sulfure de carbone. 1946. Comptes Rendus Hebdomadaires des Séances de l’Académie des Sciences, 222: 1215-1216.

Sur l’analyseur de Paul Langevin pour l’étude des mobilités des ions gazeux. 1951. Comptes Rendus Hebdomadaires des Séances de l’Académie des Sciences, 232: 1543-1545.

Sur l’équilibre ionique dans l’atmosphére. 1940. Comptes Rendus Hebdomadaires des Séances de l’Académie des Sciences, 211: 799-801.

Sur l’état d’équilibre entre grosions et ionsproduits par les rayons X dans un gaz. 1938. Comptes Rendus Hebdomadaires des Séances de l’Académie des Sciences, 205: 1464-1466.

Sur l’état d’équilibre entre grosions et petits ions dans un gaz. 1937. Comptes Rendus

Hebdomadaires des Séances de l'Académie des Sciences, 205: 1049-1051.

Sur l'intensité absolue des rales de conversion interne du radioactininm. 1994. Comptes Rendus Hebdomadaires des Séances de l'Académie des Sciences, 218: 190.

Sur la diffrartion des rayons X par le quartz en oscillation ultrasonore. 1943. Comptes Rendus Hebdomadaires des Séances de l'Académie des Sciences, 217: 177.

Sur la dispersion des ultrasons dans le sulfure de carbone. 1946. Comptes Rendus Hebdomadaires des Séances de l'Académie des Sciences, 222: 1165-1166.

Sur la loi de répartition des mobilités des gros ions. 1938. Le Journal de Physique et le Radium, 9: 501-504.

Sur la mesure d'épaisseur des feuilles par l'absorption des rayons ß émis par ^{60}CO， ^{204}TI， ^{90}Sr et ^{106}Ru. 1956. Le Journal de Physique et le Radium, 17: 1019.

Sur la mesure de la vitesse des ultrasons dans les liquides par des indicateurs radioactifs. 1954. Le Journal de Physique et le Radium, 15: 697.

Sur la mobilité des ions dans l'air. 1954. Le Journal de Physique et le Radium, 15: 586-587.

Sur la photophorésenégafive. 1950. Comptes Rendus Hebdomadaires des Séances de l'Académie des Sciences, 230: 1518-1520.

Sur le rayonnement γ de faible énergie du radioactinium. 1940. Comptes Rendus Hebdomadaires des Séances de l'Académie des Sciences, 218: 591.

Sur le spectre de mobilités des gros ions. 1938. Comptes Rendus Hebdomadaires des Séances de l'Académie des Sciences, 206: 240.

Sur un électrométre monofilaire de grande sensibilité. 1953. Le Journal de Physique et le Radius, 14: 627-629.

Sur. la grosseur，des particules de fumée mises en suspension dans l'air. 1937. Comptes Rendus Hebdomadaires des Séances de l'Académie des Sciences, 204: 852-854.

Sur. la numération des particules en suspension dans l'air. 1936. Comptes Rendus Hebdomadaires des Séances de l'Académie des Sciences, 203: 855-857.

Sur. le coefficient d'absorption des particules en suspension dans l'air par les petisions 1939. Comptes Rendus Hebdomadaires des Séances l'Académie des Sciences, 209: 1288-1230.

The spatial filtering of the acoustical normal modes in shallow water. 1983. Proc. of 11 th I. C. A., Paris: 351-354.

Théories star le coefficient de formation des gros ions et l'équilibre entre les ions atmosplériques Extrait de l'article：Recherches sur l'électrisation des particules en suspenstion dans les gaz. 1941. Ammles de Physique, 16: 102.

Vibration and acoustic radiation of piezoelectric transducers. 1983. Scientia Sinica (Series A), 26(12): 1285-1294.

后 记

2005 年 12 月 20 日是汪德昭院士一百周年诞辰，我们怀着十分崇敬的心情，命笔撰写了《汪德昭》一书，谨以此书表达对他的深切纪念。在撰写《汪德昭》一书的过程中，我们得到了声学研究所领导的关心和支持，李启虎院士和一位老领导参加了审稿，并提出了宝贵的意见。《科技日报》记者陈恂清给了我们热情的帮助，声学研究所办公室提供了珍贵的资料。在此，一并向他们表示真诚的感谢。

2023 年是汪德昭院士 118 周年诞辰，当前大力弘扬科学家精神，我们将他的传记纳入“科学与人生：中国科学院院士传记”系列，这是一件有意义的事情，感谢声学研究所领导和同志们的大力支持与辛勤付出。希望本书的出版，能激励更多的人投身科学事业，为实现中华民族伟大复兴的中国梦贡献自己的力量。

汪德昭院士是一位对新中国的科学技术事业发展和新中国的解放事业有着双重特殊贡献的科学家。他传奇而光辉灿烂的一生，给人们以激励和力量。他的高尚品德和巨大贡献将永远铭刻在我国高水平科技自立自强的史册之中。

著　者

2023 年 7 月 7 日